윤석열노믹스

윤석열노믹스

대한민국 내일을 바꿀
윤석열 정부 5년의 약속

매일경제 경제부 지음

매일경제신문사

"형사법 집행을 할 때 우선적 가치는 공정한 경쟁질서 확립이다. 자유민주주의와 시장경제 질서의 본질을 지키는 데 법 집행 역량을 더 집중시켜야 한다."

검찰총장에서 대선 후보로, 그리고 극적인 단일화 끝에 대권을 거머쥔 윤석열 대통령 당선인은 2019년 7월 검찰총장 취임식에서 자신의 경제 인식을 드러낸 바 있다. 보통은 취임사를 언론에 배포하는 것으로 끝나는데, 취임 발언에 대한 설명 자료를 이례적으로 배포했던 기억이 난다.

대검은 이 자료에서 "윤 총장은 시장경제와 가격기구, 자유로운 기업 활동이 인류의 번영과 행복을 증진해왔고 이는 역사적으로 증명된 사실이라는 강한 믿음을 갖고 있다"고 했다. 시장경제의 성공 조건으로서 공정한 경쟁이라는 규칙을 매우 중시하고 시장의 룰이 깨지면 모든 것이 다 무너진다는 신념을 갖고 있다는 것이다.

그가 시카고학파인 밀턴 프리드먼과 오스트리아학파인 루트비히 폰 미제스의 사상에 깊이 공감하고 있다는 설명도 곁들였다. 프리드먼은 자유방임주의와 시장제도를 통한 자유로운 경제활동을 주장한 세계적 석학이다.

윤 당선인은 검찰총장 취임 전에 진행된 국회 인사청문회에서도 그의 가치관 형성에 가장 큰 영향을 준 책으로 프리드먼의 《선택할 자유Free to Choose》를 꼽았다. 1979년 서울대 법대에 입학할 때 그의 부친인 윤기중 연세대 명예교수가 선물한 책으로 대검 검찰연구관으로 일할 때까지 이 책을 갖고 다녔다고 한다. 그래서인지 윤 당선인의 경제 공약은 공정한 경쟁과 시장 기능을 중시하는 기조를 곳곳에 담고 있다.

기본적으로 시장의 원활한 작동과 민간 활력에 경제정책의 중점을 두되, 시장 매커니즘이 제대로 작동하지 않는 분야에서 정부가 지원하는 역할을 강조하고 있다. 윤 당선인은 실제로 "정부의 지나친 시장 개입이 역효과를 낳았다"면서 규제 혁신으로 대표되는 기업 투자 활성화 대책을 제시했다. 규제 개혁 전담기구를 통해 규제를 풀고 기업 투자를 활성화하는 한편, 유니콘 기업 탄생을 촉진해 세계 3대 유니콘 강국을 달성하겠다는 목표를 세운 것은 윤 당선인의 경제적 지향점을 잘 보여주는 대목이다. 벤처기업에 대한 복수의결권 제도를 도입해 기업 경쟁력을 높이겠다고 밝힌 점도 눈길을 끈다.

부동산 공약도 윤 당선인의 경제적 색채를 엿보게 한다. 그는 민간 재건축 활성화를 기반으로 전국 주택 250만 가구를 공급하겠다고 약속했다. 수요에 부응하는 충분한 주택 공급을 위해 민간의 역할을 강조하면서 부동산시장을 안정시키겠다는 뜻을 내비친 것이다. 종합부동산세와 재산세 통합을 추진하고 취득세 부담을 완화하겠다는 구상도 밝혔다. 유주택자를 압박하는 식의 부동산세제를 걷어내겠다는 취지다.

일자리 창출 공약도 민간이 중심 틀이다. 근로시간과 임금체계를 유연하게 바꾸고 노동개혁으로 양질의 민간 일자리를 창출하는 데 초점을 맞췄다. 오송·오창·대덕·세종·익산 등 중원벨트를 중심으로 융합산업 연구개발R&D과 첨단 스타트업 클러스터를 육성하는 전략은 기업이 국부 창출의 주춧돌이라는 것을 충분히 인식하고 있다는 방증이다.

경제적으로 선진국 문턱을 넘어선 대한민국은 수많은 도전 과제를 안고 있다. 가장 큰 난제는 사상 최악의 저출생 충격이다. 2021년 국내 합계출산율(15~49세 여성이 평생 낳을 것으로 예상되는 출생아 수)은 0.81명으로 역대 최저치를 또 한 번 경신했다. 2022년 출산율은 0.7명, 2023년은 0.6명대에 진입할 수 있다는 비관적 전망도 나온다. 2021년 출생아 수는 26만 명으로 20년 전인 2001년(56만 명)의 절반을 밑돌았다. 참고로 경제협력개발기구OECD 38개국의 평균 출산율은 1.61명(2019년 기준)이다. 급속한 저출생은 경제를 가라앉게 만드는 망국병이다. 2020년 3,738만 명에 달했던 국내 생산가능인구(만 15~64세)는 2070년이면 1,737만 명으로 뚝 떨어져 한국의 성장 속도가 더욱 저하될 수밖에 없다. 인적자원의 힘으로 먹고산 우리나라가 글로벌 경쟁에서 뒤로 밀려날 운명이 예고되어 있는 셈이다.

갈수록 아기 울음이 들리지 않는 나라, 늙어가는 나라 한국은 가뜩이나 재정 충격의 위험을 안고 있는데 정치권의 선심성 자금 지원까지 더해져 나라 곳간이 빠르게 고갈될 조짐을 보이고 있다. 무상 복지 확대 등 적자국채 발행에 따른 국가채무는 1,075조 원까지 치솟아 나랏빚 관리에 적신호가 켜졌다. 연금 고갈도 심각한 문제다. 정부가 5년 주기로 국민연금 재정 추계를 실시하는데 2018년 제4차 재정계산에 따르면, 국민연금은 2042년 적자를 내기 시작해 2057년 기금이 고갈된다. 인구구조의 변화에 따라 생산인구가 한층 줄어들면 연금 고갈 시기는 빨라질 수밖에 없다.

수출한국의 버팀목이었던 무역수지는 어떤가. 2008년 글로벌 금융위기 이후 14년 만에 2개월 연속(2021년 12월~2022년 1월) 무역수지 적자를 기록하면서 경제 불안감이 커지고 있다. 또한 우크라이나 사태로 원유·천연가스 등 에너지가격이 치솟고 탈원전·탈석탄 정책으로 신재생에너지 투자 비용이 급격히 늘고 있는 점도 큰 부담이다.

윤 당선인은 선거 유세 현장에서 대한민국을 '정상국가'로 만들겠다고 다짐했다. 자유민주주의와 시장경제가 정상적으로 작동하는 사회를 뜻하는 것이다. 많은 경제적 난관이 눈앞에 펼쳐져 있지만 대한민국 특유의 역동성을 밑거름 삼아 윤 당선인이 현명하게 헤쳐가기를 기대해본다. 매일경제 경제부가 공동 집필한 《윤석열노믹스》는 그런 희망을 담아 총 네 파트로 구성했다. 첫 번째 파트에서는 윤석열 당선인의 8가지 핵심 경제공약을 집중 분석했다. 공정 혁신경제를 통한 성장률 제고, 포스트 코로나 경제회복, 지속 가능한 일자리 창출, 시장 친화적 부동산 정책, 저출생 인구절벽 대응, 탈원전 철회와 실현 가능한 탄소중립, 자본시장 선진화 등이다. 각 챕터마다 한국의 경제 실상을 짚어보고 매일경제의 제언을 함께 담았다. 두 번째 파트는 '윤석열노믹스'를 뒷받침한 핵심 인사들을 조명했다. 세 번째 파트는 '한눈에 보는 윤석열노믹스 공약집'이다. 네 번째 파트는 '선진국 도약의 조건'을 담았다.

역대 대통령 당선인의 경제철학과 공약을 담은 '○○○노믹스'의 발간은 매일경제의 오랜 전통이자 저력이었다. 격무 속에서도 자신이 맡은 챕터를 성심껏 집필한 매일경제 경제부 기자들에게 심심한 감사의 말씀을 전한다. 이번 집필 작업을 응원해주신 김명수 편집국장께도 감사의 말씀을 드린다. 《윤석열노믹스》가 새 정부의 경제정책을 이해하는 데 작은 디딤돌이 되길 바란다. 이를 통해 독자분들이 향후 5년 윤석열 시대의 대한민국 경제 여정을 헤아려볼 수 있게 된다면 그만한 보람이 없을 것이다.

2022년 3월

매일경제 경제부장 황 인 혁

실현 가능한 탄소중립

자본시장 선진화 통한 국민 富 축적

디지털경제 선도국가 도약

PART 2   윤석열노믹스를 움직이는 사람들

PART 3   한눈에 보는 윤석열노믹스 공약집

PART 4 선진국 도약의 조건

PART 1

윤석열노믹스
8대 과제

• • •

공정 혁신경제,
잠재성장률 두 배로

공정 혁신경제가 저성장 치료제

"지금 대한민국은 세 가지 근본적인 도전에 직면하고 있습니다. 첫째가 전무후무한 팬데믹이고 둘째는 저성장, 저출생, 양극화의 심화이며 셋째는 자유민주주의와 시장경제의 위기입니다."

윤석열 대통령 당선인이 2022년 1월 신년 기자회견에서 외친 일성은 윤석열노믹스가 극복해야 할 목표를 함축적으로 표현한 것으로 평가된다.

윤 당선인은 "한 번도 경험하지 못한 팬데믹에 자영업자들의 삶은 초토화됐다"면서 "계층 간, 지역 간 양극화가 심화되는 가운데 극단적인 교육 양극화는 미래에 대한 전망을 암울하게 만들고 있다"고 진단했다.

그는 "두 번째 문제는 저성장, 저출생, 양극화의 심화"라며 "제대로 된 대응조차 해보지 못하고 문제만 점점 악화되고 있는데, 이런 상태를 방치하면 머지않아 경제성장률 제로 시대가 올 것이고 양극화 문제는 더욱 악화될 것이며 출생률은 더욱 하락할 것"이라고 우려했다.

윤 당선인은 또 "자유민주주의와 시장경제의 위기로 인해 표현의 자유는 제약되고 시장의 자유는 침해받고 있다"면서 "경제 상식에 반하는 소득주도 성장으로 소득 양극화는 심화되고, 엉터리 부동산 정책으로 자산 양극화는 악화됐다"고 질타했다. 이로 인해 공정과 상식이 실종됐고 공정과 상식이 사라진 곳에 불공정과 부패가 만연하게 됐다는 게 윤 당선인의 현실 인식이다.

윤석열노믹스의 향후 전개 방향을 가늠하기 위해서는 윤 당선인이 제시한 우리나라가 직면한 세 가지 근본적인 도전을 세심히 따져보는 것에서부터 시작해야 한다.

당장 총력을 기울여 극복해야 할 현안인 코로나19 사태 진화를 잠시 밀어두고 나면 한국의 근본 도전은 '저성장-저출생-양극화' 심화와 자유민주주의와 시장경제의 위기를 어떻게 돌파할지에 대한 대책이 남는다.

저성장과 시장경제 위기 극복이 바로 윤석열노믹스의 골자다. 여기서 나오는 개념이 '공정 혁신경제'다.

우선 '저성장-저출생-양극화' 악순환 극복 방안에 대해 윤 당선인은 "성장률 상승과 출생률 증가, 소득분배 개선이 선순환하는 나라를 만들 것"이라며 "고질적인 저성장을 극복하기 위해 우리 경제는 정부 중심이 아니라 민간 중심으로 변해야 한다"고 제시했다.

민간의 창의력과 시장의 효율성을 이용하는 키워드로 공정 혁신경제를 꺼냈다.

윤 당선인 측은 "혁신성장의 주체는 정부가 아니다"라고 선을 그었다. '정부가 경제에 개입하는 순간 민간의 혁신은 이뤄지지 않는다'는 게 윤 당선인 생각이다.

윤 당선인은 공정 혁신경제 달성과 관련해 "우리 경제의 성장 잠재력과 일자리 창출 능력을 두 배로 높이겠다"고 구체적인 성장 목표를 제시했다.

시장경제를 되살리기 위한 방안으로는 먼저 소득주도 성장으로 훼손된 시장경제의 역동성을 회복하고 망가진 시장의 가격 기능을 회복시키겠다는 뜻을 분명히 했다.

먼저 세제 개선과 주택 건설 등에 관한 규제 완화를 단행하며 시장에 충분한 물량 공급이 이뤄지도록 해 집값을 안정적으로 관리하겠다고 공언했다.

주거 취약계층을 위해 임대주택을 민간과 공공 주도로 충분히 공급해서 주거복지를 실현하며 복지정책과 관련해서는 획일적인 퍼주기가 아니라 기회의 사다리를 놓아주는 '역동적 맞춤 복지'를 추진하겠다는 구상을 밝혔다.

잠재성장률 4%를 잡아라

윤석열노믹스 세부 이행 목표를 파헤쳐보면 잠재성장률(물가 상승을 일으키지 않고 달성할 수 있는 성장률) 목표치 4%를 국정 비전으로 제시한 도전적인 과제가 나온다.

윤 당선인은 "민간 중심의 '공정 혁신경제'를 통한 경제성장, 일자리 창출 능력을 배가하겠다"며 "현재 2%대 잠재성장률이 4% 정도로 올라가도록 목표치를 설정하겠다"고 강조했다.

잠재성장률 4% 달성 가능성을 분석하려면 현재 한국 경제 몸 상태부터 진단해볼 필요가 있다. 매일경제가 경제협력개발기구 성장률 데이터를 분석한 결과 연평균 잠재성장률은 2010~2020년 3.09%에서 2020~2030년 1.89%까지 줄어든 후 2050~2060년에는 -0.03%로 사실상 경제가 후퇴하는 상태에 빠지게 된다. 2001~2005년 잠재성장률이 5.1%이었던 것에 비하면 불과 20여 년 사이에 반토막이 난 셈이다.

한국 잠재성장률 추락은 2008년 금융 위기 이후 총요소생산성(0.9%포인트)이 1%포인트 이내에서 정체된 게 이유다. 쉽게 말해 아무리 자본과 노동력을 쏟아부어도 기술, 경영혁신 등이 약해지며 장기 성장률이 깎여나가고 있다는 뜻이다. 저출생, 고령화 속도가 빨라지는 가운데 뚜렷한 기업 경쟁력 강화 방안마저 나오지 않는다면 한국 경제의 후퇴는 불가피한 셈이다.

갈 길 바쁜 마당에 발목을 잡는 게 팬데믹 사태다. 코로나19 국면 이후 가뜩이나 급격히 고갈되고 있는 우리 경제 체력이 더 빠르게 소진되고 있는 것이다. 최근 한국은행이 발표한 〈코로나19를 감안한 우리 경제 잠재성장률 재추정〉 보고서에 따르면 2021~2022년 평균 잠재성장률은 2.0% 수준으로 추정됐다. 그런데 코로나19 충격에 대면 서비스업 폐업 등 고용이 악화하고 서비스업 생산 능력까지 저하되며 잠재성장률을 0.2%포인트 끌어내리는 것으로 분석됐다. 같은 모델로 분석해보니 2020년 팬데믹 기간이 포함된 2019~2020년 잠재성장률 추정치는 2.2% 안팎으로 한은이 2019년 8월 내놨던 종전 추정치(2.5~2.6%)에 비해 0.3~0.4%포인트가 낮아졌다. 저출산·고령화로 생산가능인구(15~64세)가 쪼그라들고 있었는데, 코로나19 타격이 가세하며 잠재성장률이 깎이는 폭이 더 커진 것이다.

한은은 "잠재성장률이 이전 추세로 회복하려면 코로나19가 남긴 영향을 최소화하고 경제구조 변화에 효과적으로 대응해야 한다"며 "기업 투자 여건 개선과 더불어 감염병 확산으로 고용 여건이 취약해진 여성과 청년의 경제활동참가율을 높이기 위한 정책도 필요하다"고 강조했다.

윤 당선인이 제시한 우리나라가 마주한 근본적 과제인 코로나19 상황, 저성장, 시장경제의 위기는 모두 잠재성장률 하락을 극복하는 데서 시작한다는 공통점이 있는 것이다.

윤 당선인도 이 같은 현상을 심각하게 인지하고 있다. 그가 국가와 시장과의 관계에 있어 시장의 역할을 우선하고 있는 이유다. 정부는 민간 부문이 성장할 수 있도록 토대를 만드는 일에 주력하고 성장 동력은 기업과 시장 등 민간 부문에서 나와야 한다는 게 그의 소신이다. 국가의 역할은 시장 환경을 만드는 조성자 역할을 하면서 이후에는 관리 기능에 방점을 찍는 것이다.

윤 당선인은 "지금 정부가 할 일은 민간과 기업이 일할 수 있도록 여건을 만들어주고 규제를 풀고, 법치를 확립하고 공정거래를 확립시켜주고, 교육에 투자하는 것"이라고 말했다. 윤 당선인은 법치가 경제활동의 안정성을 높이는 신뢰 자본의 역할을 할 수 있기 때문에 법치를 경제활성화 기본 밑바탕에 깔아야 한다는 철학을 갖고 있다.

성장과 복지의 선순환 역시 윤석열노믹스 핵심 기조다. 윤 당선인 측은 "윤석열노믹스 경제 방향은 민간을 통한 일자리 창출이며 정부가 이를 위한 금융, 세제 지원을 하는 것"이라며 "성장을 통해 경제가 더 잘되면 복지를 더 키우고 지원 대상도 두툼하게 할 수 있다"고 설명했다. 그는 "일하는 복지를 위해 근로장려세제EITC 확대 등 일할 수 있는 사람들에게 인센티브를 제공하고 이들이 일하게 되면 다시 성장이 이뤄지는 선순환이 가능하다"고 강조했다.

이와 관련해 윤 당선인의 경제 책사인 김소영 서울대 경제학부 교수도 "2023년 이후로는 재정, 통화 정책 약발이 떨어지며 성장 측면에서 상당히 어려워질 것"이라며 "꼬인 저성장 위험을 풀기 위해서는 기업 규제 완화에서 첫 단추를 꿰어야 한다"고 지적했다.

성장여력 증대를 가로막는 걸림돌

민간 부문 활성화를 통한 성장 기능 회복이 윤석열노믹스의 한 축이라면 또 다른 한 축은 만성적인 저출생 위기 극복이다. 이미 저출생·고령화 현상은 예상보다 심하며 우리나라 총인구(국내 거주 외국인 포함)는 2020년부터 줄어들기 시작해 2070년 현재 대비 27% 가 급감한다. 특히 경제를 지탱하는 15~64세 사이 생산연령인구 는 앞으로 50년간 2,001만 명이 급감해 지금에 비해 반토막 난다. 경제 현장에 일할 사람이 부족해지며 이대로 가면 2030년대부터 한국 국내총생산GDP 성장률은 0%대로 추락할 전망이다.

통계청의 '2020~2070년 장래인구추계'에 따르면 총인구는 2020년 5,184만 명에서 2070년 3,766만 명으로 1,418만 명 줄어들 것으로 추산됐다. 장래인구추계는 최신 인구 변동 요인을 반영해 향후 50년간의 인구를 내다본 통계다. 통계청은 2021년 총인구가 5,175만 명으로 전년 대비 9만 명 줄어들 것으로 전망했는데, 이는 한국 인구가 이미 정점을 통과해 2021년부터 줄어들기 시작했다 는 뜻이다.

출생아보다 사망자가 더 많은 인구 자연감소가 심해진 데다 코 로나19 사태로 결혼이 줄자 출산이 감소하는 악순환이 발생하며 인

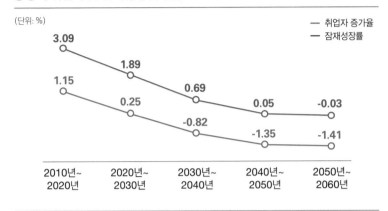

중장기 취업자 및 잠재성장률 전망

(단위: %)

— 취업자 증가율
— 잠재성장률

3.09
1.89
1.15
0.69
0.25
0.05
-0.03
-0.82
-1.35
-1.41

| 2010년~ | 2020년~ | 2030년~ | 2040년~ | 2050년~ |
| 2020년 | 2030년 | 2040년 | 2050년 | 2060년 |

*해당기간 연 평균 증감율 기준. 잠재성장률은
물가 상승을 일으키지 않고 달성할 수 있는 성장률.

자료: OECD · 한국경제연구원

구 충격이 가중된 게 주요 원인이다. 당초 통계청은 2019년 3월 실시한 '장래인구특별추계'에서 인구 정점을 2028년으로 보고 2029년부터 감소할 것으로 전망했지만 저출생·고령화 속도가 예상보다 훨씬 빨라지며 불과 2년 만에 인구 정점을 8년이나 앞당겨 제시했다.

인구 감소에 따라 생산연령인구 100명이 부양해야 할 유소년·고령 인구는 2020년 38.7명에서 2070년 116.8명으로 치솟을 것으로 나타났다. 쉽게 말해 지금은 경제활동을 하는 성인 2~3명이 아이와 노인 1명을 부양하면 됐지만, 50년 뒤에는 성인 1명이 아이와 노인 1.17명을 부양해야 한다는 얘기다.

일손 부족으로 우리 경제는 2030년대 내 성장률이 0%대로 추락한다. 매일경제가 경제협력개발기구 최신 경제 전망 통계를 분석한 결과, 2010~2020년 연평균 2.53%씩 성장하면서 OECD 38개국 가운데 성장속도 10위를 차지했던 한국은 2030~2040년 0.69%(OECD 35위)로 성장률이 대폭 깎여나간다. 2050~2060년에는 상황이 더 나빠져 연평균 성장률이 -0.03%(36위)로 더 뒷걸음친다. 유례없이 빠른 저출생과 고령화로 잠재취업자 증가율이 급락하며, 주요국과 비교해도 한국이 경제 엔진이 꺼지는 속도가 빠른 것으로 나타났다.

저출생·고령화 인구 충격이 우리 경제를 직접적으로 때리는 부분은 일자리 시장이다. 인구 충격을 이대로 방치하면 먼저 취업자와 생산가능인구가 고꾸라지고 이어서 성장률 한파가 몰려올 것으로 관측됐다. 매일경제 분석 결과 2010~2020년 연평균 1.15%씩 늘었던 잠재취업자 증가율은 2020~2030년 0.12%로 급감한다. 이에 따라 OECD 38개국 가운데 12위였던 취업자 증가율 순위도 22위로 추락할 것으로 전망됐다. 잠재취업자는 우리 경제가 잠재 성장률 수준을 달성했을 때 경제 부문에서 발생하는 고용량으로 전반적인 일손 표정을 가늠하는 지표다.

문제는 앞으로 사정이 더 안 좋아진다는 점이다. 2030~2040년 취업자 증가율은 -0.82%(OECD 36위)로 뒷걸음치더니 2040~2050년 -1.35%(38위), 2050~2060년 -1.41%(38위)로 OECD 꼴찌로 쳐진다.

우리 경제를 떠받치는 생산가능인구도 함께 쪼그라든다.

2010~2020년 연평균 0.55%씩 성장했던 잠재 생산가능인구는 2020~2030년 -0.21%, 2030~2040년 -1.1%, 2040~2050년 -1.41%, 2050~2060년 -1.39%로 가라앉는다.

이 같은 구조적 문제를 풀어야 할 윤 당선인은 "재앙적 수준의 저출생을 극복하기 위한 제도적 변화를 시작하겠다"며 "아동, 가족, 인구 등 사회문제를 종합적으로 다룰 부처의 신설을 추진할 것"이라고 역설했다.

저출생 문제와 관련해서는 아이 갖기를 원하는 국민을 지원하기 위해 전 국민을 대상으로 아이가 태어나면 1년간 매월 100만 원의 정액 급여를 받도록 하는 '부모급여'를 도입하겠다고 약속했다.

정리하자면 이렇다. 첫째, 우리나라는 저성장-저출생-양극화 악순환과 시장경제 훼손이라는 구조적인 문제와 직면했다. 둘째, 저출생 문제는 전담 부처 신설과 부모급여 등 정책 수단을 통해 대응한다. 셋째, 시장경제 훼손은 세제와 규제 완화라는 정책 수단을 통해 시장 고유의 기능을 복원한다. 넷째, 이 모든 구조적 문제를 풀기 위한 해법은 공정 혁신경제이며 공정 혁신경제를 달성하기 위한 액션플랜은 더 강한 성장이다.

민간 주도의 강력한 경제성장을 통해 만성적인 저성장 문제를 풀고, 시장경제 기능이 제대로 작동하도록 하며, 각종 복지 재원까지 마련하겠다는 게 윤석열노믹스의 골자인 셈이다.

기업 생산성
두 배로 키워내자

경제계에서는 통상 1인당 국민총소득GNI 4만 달러 이상을 '경제 선진국' 문턱으로 보는 시각이 많다. 경험적으로 봤을 때 소득 4만 달러 이상 국가에서 국민들 정치의식과 경제 활동, 사회적 자본 등이 안정적으로 발전되는 모습을 보이기 때문이다.

GNI는 경제성장을 달러로 환산해 국민 생활수준을 측정한 것으로 국가 전반의 경제력을 보는 지표로 활용된다. 한국이 세계 10위 경제권에 안착하며 이미 경제 선진국에 포함됐다고 보는 시각이 우세하지만, 매일경제와 한국경제연구원이 GNI 추세를 분석한 결과 실제 국민 소득 4만 달러를 달성하는 시점은 2027년(4만 1,028달러)으로 추산됐다. 소득 5만 달러는 이보다 훨씬 뒤인 2035년(5만 388달러)에나 달성 가능할 것으로 분석됐다.

2022년 한국은행은 2021년 1인당 GNI가 전년 대비 10.3% 불어난 3만 5,168달러로 추산했는데 이를 바탕으로 한국이 처음 국민소득 3만 달러를 넘었던 2017년(3만 1,734달러) 이후 2021년까지 연 평균 GNI 증가율을 구해보면 2.6%가 나온다. 앞으로도 한국의 GNI가 연 평균 2.6%씩 성장한다고 가정하면 2027년 처음 4만 달러를, 2035년에 처음 5만 달러를 달성하게 되는 것이다.

그동안 한국의 국민 소득 여정에 대입해보면 한국이 GNI 3만 달러에서 4만 달러까지 성장하는 데 10년이, 3만 달러에서 5만 달러로 가는 데는 18년이 걸리는 셈이다. 즉 소득 5만 달러라는 '명실상부한' 선진국으로 가기까지는 2022년을 기준으로 최소 13년이라는 시간이 더 필요한 것이다.

지금 경제 상태라면 소득 5만 달러는 물론 4만 달러도 새 정부(2022~2027년)에서 달성하기는 어려울 것으로 보인다. 만약 소득 5만 달러를 새 정부 임기 내로 더 앞당기려면 성장에 두 배 이상 속도를 붙여야 하는 것으로 분석됐다. 세부적으로 국민소득 5만 달러 소요 기간 14년을 5년 이내로 단축하려면 총요소생산성은 현재(1.7%)보다 두 배 이상인 3.8% 이상 높여야 하는 것으로 추산됐기 때문이다.

윤 당선인 공약대로 잠재성장률이 두 배 높아진다면 바라볼 만한 목표다. 매일경제와 한국경제연구원은 국민소득 5만 달러 달성을 위해 경제적으로 필요한 요건을 구하기 위해 GNI 대신 1인당 노동 투입과 자본 투입 등 국내 경제 요인을 분해가 가능한 1인당 국내총생산GDP를 활용해 분석에 나섰다.

역사적으로 봤을 때 GDP가 늘어나는 만큼 GNI가 늘어나는 뚜렷한 흐름을 보였다. GDP와 GNI 통계가 공개되기 시작한 시점인 1953년부터 2020년까지 68개년 데이터를 표본으로 산출한 결과, 명목 GDP와 GNI의 상관계수는 0.99(1% 유의수준) 이상으로 뚜렷한 양의 선형관계를 보였다.

또 GDP는 GNI와 달리 국내 경제 요인만 놓고 분석이 가능하기 때문에 GNI 대신 GDP를 대입한 것이다.

1인당 GDP 성장 기여도를 분해할 때는 최근 5년(2015~2019년) 연평균 노동·자본 투입 증가율이 그대로 유지된다고 가정하고 새 정부 임기 내인 2027년까지 1인당 GDP 5만 달러를 달성하기 위한 요건을 분석했다. 그 결과 2027년까지 1인당 GDP가 5만 달러까지 늘어나려면 총요소생산성이 연평균 최소 3.3%에서

시나리오별 한국 1인당 GDP 성장 기여도 분해

(단위: 증가율, %)

		1인당 GDP (실질 기준)	1인당 노동투입 (총근로시간)	1인당 자본투입 (총자본서비스)	총요소생산성
목표 달성 이상적 시나리오* (2027년까지 1인당 GDP 5만 달러 달성)		4.6주***	0.2	3.6	3.3
현실적 시나리오** (저출산·고령화로 인한 노동투입 감소세 고려)	목표 달성	4.6주***	▲0.5	3.6	3.8
	추세 유지	2.4주***	▲0.5	3.6	1.7

* 인구 1,000만 명·1인당 GNI 5만 달러를 달성한 4개 국가(미국, 호주, 네덜란
드, 스웨덴)별 3만~5만 달러 기간의 연평균 노동·자본 투입 증가율의 4개국
단순평균값을 목표치로 설정하고 한국이 이를 따라간다고 가정한 시나리오.
**한국의 최근 5년(2015~2019년) 연평균 노동·자본 투입 증가율을 그대로
따라간다고 가정한 시나리오.
*** 목표 달성 시나리오는 2027년까지 1인당 GDP 5만 달러를 달성하기 위
해 필요한 연평균 1인당 GDP 성장률을, 추세 유지 시나리오는 최근 5년 간
연평균 1인당 GDP 성장률을 사용.

자료: 1인당 GDP와 노동·자본 투입
증가율은 OECD 통계를 사용.
총요소생산성 증가율은
한국경제연구원이 자체 산출

최대 3.8%까지 늘어나야 할 것으로 추산됐다. 한국의 최근 5년(2015~2019년)간
평균 총요소생산성 증가율이 1.7%라는 데 비춰보면 결국 총요소생산성이 두 배
가량 높아져야 한다는 결론이 나온다.

이는 윤 당선인 공약대로 잠재성장률을 두 배 높이기 위해서는 총요소생산성을
대폭 끌어올리는 데 정책 역량을 집중해야 한다는 점을 시사한다.

쉽게 말해 기업 기술과 경영혁신을 자극하는 데서부터 꼬인 한국의 경제성장 매
듭을 풀어야 한다는 얘기다. 과도한 기업 규제를 완화하고 노동시장 유연성을 높
여 기업의 경영 환경을 개선하는 데서 첫 단추를 꿰어야 한다.

하지만 윤 당선인이 마주한 현실은 녹록하지 않다. 한국의 규제 환경과 노동

1인당 소득 5만 달러 국가와 한국 간 규제-노동 유연성 비교 (단위: 증가율, %)

	미국	호주	네덜란드	스웨덴	한국
규제환경지수 (2021년)	91.0 (10위)	92.3 (8위)	88.9 (12위)	90.5 (11위)	68.2 (35위)
노동시장 유연성 지수 (2019년)	9.0 (1위)	7.8 (8위)	7.6(9위)	6.0 (25위)	4.8 (38위)

*괄호안은 OECD 38개국 중 순위.　　　　　　　　　　　자료: 세계지식재산권기구, 프레이저연구소
규제환경지수는 정부의 민간에 대한 규제 정도를 지수화환 지표로,
지수값이 높을수록 규제 환경이 양호(100점 만점). 노동시장유연성지수는
노동시장 유연성 정도를 지수화한 지표로, 지수값이 높을수록 노동시장
유연성이 높음(10점 만점).

시장 유연성은 OECD 국가 중 최하위 수준으로 총요소생산성을 짓누르고 있다. 세계지식재산권기구가 발표한 한국의 규제환경지수는 2021년 기준 68.2로 OECD 38개국 중 35위로 꼴찌 수준이다. 규제환경지수는 정부의 민간에 대한 규제 정도를 지수화환 지표로 지수값이 높을수록(100점 만점) 규제 환경이 양호하다는 뜻이다.

캐나다 대표 싱크탱크인 프레이저연구소가 발표하는 노동시장 유연성 지수에서 한국은 2019년 기준으로 4.8로 OECD 최하위(38위)다. 이는 노동시장 유연성 정도를 지수화한 것으로 지수값이 높을수록(10점 만점) 노동시장 유연성이 높은 것으로 평가된다.

따라서 새 정부는 윤 당선인 공약대로 잠재성장률 두 배 확대를 강하게 추진하되 소득 4~5만 달러 국가를 벤치마크 삼아 성장에 속도를 붙일 필요가 있다. 이미 세계시장에서 한국과 치열하게 맞부딪치는 선진국은 GNI 4만 달러 문턱을 밟은 지 오래다. 미국, 일본, 독일 등 23개 나라가 4만 달러 초과국 리스트에 이름

을 올렸다. 이들 나라가 GNI를 3만 달러에서 4만 달러로 끌어올리는 데 평균 6.4년이 걸렸다. 연평균 GNI가 7.2%씩 성장하며 이룬 성과다.

주요 7개국(G7) 성장 속도는 더 빠르다. 연평균 GNI가 8.7%씩 불어나 불과 5년 만에 4만 달러까지 올라왔다. 세부적으로 미국이 3만 달러에서 4만 달러로 성장 하는 데 8년이 걸렸고, 일본·독일·프랑스는 각각 3년, 영국은 불과 2년 만에 발 빠르게 성장했다. 우리가 추격 대상으로 점찍었던 선진국들은 한국보다 훨씬 더 속도감 있게 자라난 것이다.

포스트 코로나
경제회복의 길

정당하고 온전한 손실보상

윤석열 당선인의 공약집 첫 머리에는 '소상공인·자영업자의 코로나19 손실보상'이 제시됐다. 윤석열 정부의 경제 체제에서 코로나19로 입은 타격을 복구하는 게 최우선 순위라는 뜻이다. 문재인 정부가 소상공인·자영업자에게 위로금 성격의 소액 피해지원금을 지급했지만 이는 실질적인 도움이 되지 않는다는 판단에서다. 이마저도 불완전한 손실보상으로 보상금액이나 대상자 누락 등의 문제점도 있다고 비판했다. 이 같은 문제의식을 토대로 소상공인·자영업자를 대상으로 한 '정당하고 온전한 손실보상'이라는 개념을 대선 공약에 담았다.

윤 당선인이 최우선 공약으로 코로나19 극복을 내세운 것은 자영업자·소상공인의 피해가 유독 크다고 봤기 때문이다. 특히 자영업의 경우 우리나라 경제 전체에서 차지하는 비중은 크지만, 그 규모가 영세하고 생산성이 낮아 충격에 취약하다는 것이다. 방역을 위해 사회적 거리두기를 장기간 시행한 탓에 자영업자의 빚이 급증했지만 정부의 지원이 여전히 미흡하다는 점도 문제점으로 꼽았다.

윤 당선인은 이와 관련해 2022년 2월 열린 중앙선거관리위원회 주관 TV 토론에서 "지금 빈곤층을 제대로 보호하지 않으면 나중에 엄청난 복지 재정이 들어가게 된다"며 "소상공인·자영업자는 방역이라는 공공정책으로 인해 손실을 본 분들이라 헌법상 손실보상 개념으로 확실하고 신속하게 보상해야 한다"고 주장했다. 이어 "금융·세제 지원을 해야 한다"며 "코로나19 대응을 위해 확장재정과 금융확장 정책 때문에 돈을 많이 썼지만, 건전성 확보를 위해 정부가 많은 주의를 기울여야 한다"고 말했다.

윤 당선인 캠프에서 금융정책을 맡았던 윤창현 국민의힘 의원도 언론 인터뷰에서 "중소기업과 소상공인 대출 만기 연장, 이자 유예 정책을 코로나19 사태가 끝날 때까지 유지해야 한다"고 강조했다. 그러고는 "코로나19 상황이 끝날 때까지 이들이 최대한 버틸 수 있도록 해야 기회가 생긴다"며 "코로나19 종식 후 보복 소비 등으로 매출이 올라가면 빚을 갚을 수 있는 여력이 생긴다"고 설명했다.

계속된 사회적 거리두기 조치에 자영업자의 불만은 갈수록 쌓여가고 있다. 2022년 1월 정부가 사회적 거리두기 조치를 3주 연장하는 대신 사적 모임 가능 인원을 4명에서 6명으로 늘리기로 하자 자영업자 단체들은 "영업시간 제한이 유지되는 한 도움이 되질 않는다"고 반발했다. 소상공인연합회(소공연)는 당시 입장문을 내고 "인원 제한이 일부 완화됐지만 영업시간 제한은 그대로이기 때문에 매출 회복에 큰 도움이 되긴 어렵다"며 "소상공인의 일방적 희생만 강요되는 상황"이라고 비판했다. 또 "소상공인이 계속 가게 문을 닫을 수는 없다"며 "정부는 영업시간 제한 종료 시점과 단계적 완화 방침에 관한 확실한 로드맵을 제시하라"고 요구했다.

특히 윤 당선인은 2022년 초 국회와 정부가 16조 9,000억 원 규모의 '원포인트' 추가경정예산을 편성해 매출이 감소한 소상공인에게 방역지원금 300만 원을 추가로 지급하고 손실보상 재원을 증액한다고 밝힌 점에 대해서는 "영업 제한에 따른 피해를 극복하기에는 역부족"이라고 일축했다. 한국외식업중앙회 등 10개 소상공인 단체로 구성된 '코로나피해자영업총연대(코자총)'는 잇따른 정부의 영업시간 제한 조치에 대한 반발로 집단 삭발식을 거행하기로 했다. 자영업자 손실보상을 위한 집단소송도 진행할 계획이다.

코자총은 이에 대해 "집단행동과 집단소송 유발자는 정부 당국"이라며 "자영업자들이 추운 한파에 거리로 나가지 않도록 피부에 와 닿는 손실보상을 시행할 것을 강력히 촉구한다"고 주장했다. 그리고는 "추후 영업시간 제한을 철폐하지 않는다면 2차 촛불집회, 3차 단식투쟁 등 저항운동을 계속해서 실행하기로 결의했다"고 전했다.

윤 당선인이 소상공인·자영업자의 코로나19 손실보상을 공약으로 처음 언급한 것은 대통령선거 예비후보 때인 2021년 9월이다. 당시 그는 "자영업자·소상공인은 정부의 코로나19 방역 지침에 적극 협조해 막대한 희생을 감내하고 있지만, 정부의 백신 도입 지연으로 1년 6개월 이상 영업 정상화가 이뤄지지 않으면서 한계 상황에 직면했다"며 "피해 따로, 지원 따로인 정부 대책으로 자영업자의 부채가 급속히 늘면서 (자영업자들이) 폐업 위기로 내몰리고 있다"고 진단했다.

그러면서 "국민이 신뢰할 수 있고 모두가 공존할 수 있는 상식에 맞는 제도, 우선순위를 고려한 맞춤형 정책, 과학에 기반한 합리적인 정책이 필요하다"고 강조했다. 이어 "우리 사회의 중추적 역할을 담당하는 자영업자와 소상공인의 코로나19 극복과 재도약을 지원하겠다"며 "이를 위한 긴급구조플랜을 지금부터 준비하고 구체화해 취임과 동시에 집행할 것"이라고 덧붙였다. 또 "'포스트 코로나' 대책을 별도로 준비해 임기 전반에 걸쳐 자영업 일자리를 지키고 소상공인의 혁신을 지원할 것"이라고 했다.

윤석열 정부 경제정책을 본격화하기에 앞서 팬데믹 상처를 치료하는 게 급선무라고 본 것이다.

코로나 극복 긴급구조플랜 가동

윤 당선인은 소상공인·자영업자에 대한 정당하고 온전한 손실보상을 위해 50조 원 이상의 재정자금을 확보한 뒤 규제 강도와 피해 정도에 따라 차등 지원할 방침이다. 또 국세청과 지방자치단체 보유 행정 자료를 근거로 지원액 절반을 먼저 지원하는 선보상 제도도 시행하기로 했다. 영세 자영업자·소상공인 긴급자금 수요에 대응하고 사회 각 분야의 재건을 위한 지원 체계를 구축할 계획도 밝혔다. 예컨대 5조 원 이상의 특례보증을 통해 저리대출 자금을 확대하는 식이다. 아울러 방역조치 기간 발생한 손실 및 폐업 소상공인 손실보장, 보상 사각지대 해소 등도 약속했다.

특히 코로나19 극복을 위한 긴급구조플랜을 즉각 가동할 계획이다. 현재 코로나19 사태를 1997년 국제통화기금IMF 외환위기 때와 동일한 상황이라고 보고, 코로나19 여파로 경제적 어려움을 겪고 있는 자영업자·소상공인이 정상적인 경제활동으로 복귀할 수 있게 전방위로 금융 지원을 하겠다는 것이다. 우선, 자영업자·소상공인, 중소기업의 기존 대출금에 대한 만기를 충분히 연장하기로 했다.

IMF 외환위기 당시 단행했던 긴급구제식 채무재조정 방안도 적극 추진한다. 현재 신용회복위원회는 소액 채무의 경우 원금 감면 폭이 현재 70% 수준이지만, 이를 90%까지 확대한다는 것이다. 상황이 악화될 경우 자영업자의 부실 채무를 일괄 매입해 관리할 방침이다. 예를 들면, 현재 한국자산관리공사(캠코) 재원으로 계획된 최대 2조 원 규모의 채권 매입 사업을 2배 이상 확대하는 식이다. 또 부실이 전면적으로 발생하는 상황까지 악화되면 1997년 외환위기 당시 있었던 부실채권정리기금과 유사한 기금 설치도 검토할 계획이다.

폐업을 했거나 폐업 위기에 몰린 자영업자의 신용회복과 재창업·재취업을 지원하는 내용도 포함됐다. 이들의 재창업 지원을 위해 신용회복위원회가 운영하는 과중채무자 재창업 지원 사업 예산을 1조 원으로 확대할 예정이다. 2020년 기준 중소벤처진흥공단의 재창업 지원 예산은 1,200억 원이다. 정책금융기관 등을 통한 금융 지원으로 기존에 발생한 손실은 물론이고 앞으로 발생할 손실까지 포함하는 과감한 보상 방안을 추진한다는 구상이다.

교육·훈련을 충실히 이행한 소상공인이 재창업에 도전하는 경우에는 재창업 자금을 50% 추가 지원하는 방안도 있다. 현재 신용회복위원회 재창업 지원금은 신용보증기금·기술보증기금·중소기업진흥공단 합산 30억 원, 안전자금은 10억 원이다. 코로나19 기간에 폐업하고 팬데믹 종식 후 1년 내 재창업 시에는 인테리어 등 설치 비용으로 500만 원을 무상 지원할 계획이다.

대통령 직속 특별본부 설치

생활안정자금도 지원하기로 했다. 소상공인의 생계 부담을 덜어주고 재창업·재취업 준비에 집중할 수 있도록 급여 지급형 훈련 제도를 운영한다. 교육생 1인당 600만 원(월 100만 원씩 6개월)을 무상으로 지급하고 생계비가 부족한 경우에는 보증부 대출(월 100만 원, 총 600만 원)을 추가 제공하는 식이다. 재정은 생계비 지급으로 6,000억 원, 보증부 대출 보증 기금으로 600억 원이 소요될 것으로 예상했다. 소상공인진흥공단의 '소상공인 재창업 패키지' 사업도 확대 개편한다. 연 2,000명으로 제한한 대상자 수를 연 10만 명, 교육 시간을 연 60시간에서 6개월로 늘릴 예정이다.

소상공인을 대상으로 복잡하고 단절된 지원 프로그램의 창구를 통합·운영하는 계획도 세웠다. 서민금융진흥원과 소상공인진흥공단, 민간은행 등 금융회사를 연결해 '원스톱' 금융 지원을 마련한다는 구상이다. 윤 당선인은 2021년 8월 국민 약속 비전 발표회에서 "코로나19 팬데믹은 자영업자, 소상공인, 실업자, 취약계층에게는 생사가 걸린 전쟁"이라며 "불공정한 거리두기 방역 체계를 과학적, 합리적으로 조정해 이분들의 생업 활동이 팬데믹 이전 수준으로 회복되도록 하겠다"고 말했다. 또 "채무조정 등 금융지원, 손실 규모에 따른 충분한 보상 지원과 조세 감면 등 세제 지원을 할 것"이라며 "실업수당 지급 기간을 획기적으로 연장해 실업 상태에 놓인 분들이 재취업을 할 때까지 가족의 생계유지 지원도 하겠다"고 했다.

윤 당선인은 소상공인·자영업자의 코로나19 극복 지원을 민생경제 활력 제고를 위해 가장 시급히 해결해야 할 현안으로 규정했다. 이에 따라 대통령 당선 직후 대통령직 인수위원회에서 관련 법률 제정 및 개정을 실시하고, 취임과 동시에 대통령 직속의 '코로나19 긴급구조 특별본부'를 설치하겠다고 밝혔다. 이를 통해 소상공인·자영업자의 중장기적 복원력 회복과 경쟁력 강화 정책을 수립할 계획이다. 감염병 종식 후 2년간 피해 지원 및 극복을 위한 모니터링도 지속할 예정이다.

과학기반 사회적 거리두기 도입

윤석열 정부에서는 코로나19 극복 및 회복 지원 특별회계를 설치해 한시적으로 운영하게 될 예정이다.

팬데믹의 장기화와 재현에 대비해 민관 합동으로 특별기금을 사전에 조성하고 운용해 자영업자 등의 피해 보상과 감염병 예방 활동에 활용한다는 복안이다. 예컨대 감염병 백신·치료제 등을 연구·개발하는 바이오 벤처기업에 기금의 일정 금액을 투자하는 식이다. 재원은 정부가 일정 부분 출연하고 현행 67개 기금 수입의 일정률을 전입해 재원으로 충당하는 방식을 검토하고 있다. 이렇게 할 경우 연간 5조 원이 적립될 것으로 예상된다. 자영업자들이

윤석열 대통령 당선인이 2022년 2월 11일 오후 서울 여의도 국회에서 열린 '코로나19 실내공기 과학적 방역관리 방안과 대안 모색 토론회'에 참석해 발언을 하고 있다.

납부하는 소득세 일부를 기금 적립금으로 이관하는 방안도 검토하고 있다.

이와 함께 '과학 기반 사회적 거리두기'도 도입된다. 정부의 방역 조치가 과학적인 근거에 입각한 게 아니어서 자영업자의 영업을 부당하게 침해하는 측면이 있다는 게 윤 당선인의 시각이다. 이 때문에 국민들이 공감하는 최적의 사회적 거리두기를 개발할 계획이다. 이를 위해 전문가로 구성된 전문위원회(과학기반 사회적 거리두기 기구)를 설치한다. 과학적 증거에 기반한 다양한 영업 제한 방식도 고려할 계획이다. 업장 특성에 맞춰 최대 수용 인원과 밀집도 제한 등을 과학에 기초해 현실적인 방역 지침을 내놓겠다는 것이다. 팬데믹 재발 시 방역 효과를 저해하지 않고 영업을 지속할 수 있는 방역 친화적 구조 및 설비 완비를 추진하기로 했다.

2022년 2월 22일 오후, 서울 마포구 성원초등학교에서 새 학기 개학을 앞두고 직원들이 급식실 코로나19 방역 등 청소를 하고 있다.

윤 당선인은 2022년 1월 자신의 페이스북에 '비과학적 방역패스 철회, 9시 영업 제한 철회, 아동청소년 강제적 백신 접종 반대'라고 적었다. 같은 날 기자회견과 토론회 등에서는 "'부스터샷(추가 접종)' 을 맞지 않았다고 해서 마스크를 쓰고 활동하는 공간에 출입을 차 단하는 것은 과학적 근거가 대단히 부실하다"며 "기본권을 제한하 는 조치는 타당한 근거가 있어야 하는데, 문재인 정부의 방역 대책 은 과학적 분석이나 역학 자료를 바탕으로 하고 있지 않다"고 비판 했다. 이어 "환기 정도에 따라 감염 전파에 차이가 있다는 것은 질 병관리청 자료로도 확인된 사실"이라며 "시설별로 체계적인 환기 등급제를 적용하는 방안을 검토해야 한다"고 강조했다.

임대료·세금·공공요금 부담 낮추기

'임대료 나눔제'를 통해 지속적인 경영 안정도 지원한다. 2020년부터 지속되고 있는 정부의 방역 조치로 고사 위기에 놓인 소상공인·자영업자의 피해 복구와 경영 안정화를 위한 현금 지원 요구가 높다는 점을 반영한 것이다.

매출이 감소하면서 임대료와 전기료 등 고정비나 세금 등의 연체와 부담이 누적되면서 폐업이 발생하고 있다는 판단이다. 이를 감안해 임대료를 임대인, 임차인, 국가가 3분의 1씩 나눠 분담하는 임대료 나눔제를 도입할 계획이다. 생계형 임대인을 제외한 임대인도 임대료의 3분의 1을 삭감하도록 한다. 이 과정에서 발생한 임대인의 손실분은 코로나19 종식 후 세액공제 등으로 국가가 전액 보상할 계획이다.

임대료뿐 아니라 영세 자영업자의 부가세 등 세금 부담과 전기·수도 등 공공요금 부담을 한시적으로 50% 경감하기로 했다. 특히 윤 당선인은 2022년 4월부터 전기요금을 인상하기로 한 결정에 대해서는 "탈원전 정책 실패의 책임회피"라며 코로나19 위기 동안 전기요금을 동결하겠다고 발표했다. 문재인 정부의 탈원전 정책으로 상승한 전력 생산원가를 국민들에게 전가할 수 없다는 논리다.

상가 등의 임대료를 인하하는 임대사업자의 세액공제율도 현행 50%에서 한시적으로 100%까지 높일 방침이다. 소비자가 소상공인·자영업자로부터 선결제·선구매 시 세액공제율 역시 현행 1%

에서 5%로 한시적으로 확대한다. 플랫폼 참여 자영업자에 대한 불공정 영업 행위 규제를 강화해 공정 수수료 체계도 정립하기로 했다.

전통시장과 관광업 살리기

전통시장 활성화와 디지털 전환을 지원한다는 것도 눈에 띈다. 전통시장은 주차 시설 부족 등으로 소비자들이 찾아오기 어렵고 배송 불편 등으로 판매에 어려움을 겪고 있다. 또 전통시장 상인 대부분은 담보력이 낮고 신용도가 낮아 제도권 금융을 이용하기가 쉽지 않다. 디지털 경제의 확산과 코로나19로 소비·유통 환경이 비대면·디지털 중심으로 빠르게 변화하고 있지만 전통시장 상인들은 비대면 소비문화 확산, 온라인 유통 선호, 1인 가구 증가 등의 환경 변화에 능동적으로 대응하는 데 한계가 있다.

이 때문에 윤 당선인은 전통시장 주차장 조성 지원을 확대하고 공동 배송 시스템 구축과 배송 서비스 인건비 지원을 확대한다고 약속했다. '상생형 지역유통발전기금' 도입 추진으로 온라인 플랫폼과 지역상권의 '윈-윈'을 실현한다는 계획이다. 또 전통시장 상인 저금리 소액신용대출 서비스를 늘리고 전통시장의 디지털 점포 전환 지원을 확대하기로 했다. 비대면 거래에 능동적으로 대응할 수 있게 라이브커머스를 지원하고 사회관계망서비스SNS와 유튜브 등을 통한 홍보도 지원한다. 전통시장과 온라인 플랫폼을 연계하고 디지털 인프라를 구축할 예정이다. 예컨대, 전통시장·소상공인 대상 온라인과 O2O 플랫폼 입점 및 디지털 결제 환경 조성, 스마트 점포 구축을 위한 기반 인프라와 솔루션 개발 및 보급 등이다. 이에 따른 맞춤형 교육 등도 제공한다.

윤 당선인은 위기에 빠진 관광업계에 회복과 도약의 발판을 마련한다는 점을 강조했다. 코로나19 영향에 따른 관광업계 피해액은 약 16조 6,000억 원으로 추산된다. 2019년 대비 매출은 62% 감소했고 관광 분야 일자리는 약 8만 4,000개 사라졌다. 고용 창출과 내수 촉진이 필요해진 것이다. 특히 코로나19가 관광의 패러다임을 대중관광에서 소수 개별관광으로 변화시키고 IT 기술을 접목한 관광 콘텐츠 수요를 증가시켰다고 판단했다.

이를 토대로 중소 여행사와 관광업계 피해 회복을 적극 지원하기로 했다. 감염병 등 재난 시 관광사업자의 재정 및 융자를 신속 지원하고 관광종사자 사회안전망 복지정책 마련과 관광사업자 폐업 및 재기 지원, 손실보상금 제외 업종인 여행업의 손실보상 적용 등을 추진할 방침이다. 메타버스를 연계한 지역별 특화 한류 관광 콘텐츠 랜드마크를 조성하고 4차 산업혁명 기반 관광벤처 육성도 지원하기로 했다.

감염병 대응체계의 획기적 개선

윤 당선인은 코로나19 사태를 계기로 감염병 대응 체계를 대대적으로 개편한다는 방침이다. 이를 위해 과학과 데이터에 근거한 '코로나19 극복 집권 100일 계획'을 발표했다. 주요 계획에는 과학과 빅데이터에 기반한 코로나19 방역 조치 실행 신종 감염병의 선진적 대응을 위한 매뉴얼 개편, 백신 접종 관련 사망자와 중대한 이상 반응 신고자 재평가 및 적정 보상 등이 포함됐다. 병상 확보를 위해 공공의료 기관을 전담 병원으로 전환하고 긴급 임시병동도 마련키로 했다.

또 자가 승용차를 포함한 코로나19 환자 이송 체계 전면 개편, 실내 바이러스 저감장치와 환기 설비 설치 및 운영 지원, 비과학적 거리두기와 방역 조치 관련 업종에 대한 피해 규모 조사 집중 지원 등도 약속했다.

필수 의료에 대해서는 국가 책임제를 실시하기로 했다. 코로나19 사태로 시설은 있지만 중증환자를 돌볼 의료 인력이 부족해 생명을 잃는 안타까운 일이 발생하자 내린 결정이다. 특히 주기적인 대유행에 대응하기 위해 건강보험 급여 체계에 공공정책 수가를 신설하는 계획을 발표했다. 수가는 의료인이 제공한 의료서비스에 대한 가격을 의미한다. 현행 행위별 수가체계는 행위(수술, 진단, 투약 등)가 있어야만 비용을 지급하는 구조다. 즉 응급실, 중환자실, 음압병실 등 특수시설이 항상 일정 수준 이상 확보돼야 한다.

서울 중랑구 서울의료원에서 코로나19 환자를 이송하는 의료진 모습.

공공정책 수가를 통해 의료 기관에 응급실, 중환자실, 음압병실 등 특수시설을 설치하고 유지하도록 하면 재난적 의료 상황에 효과적으로 대비할 수 있다. 국가 전체에 필요한 병상뿐 아니라 지역적 분포를 감안한 공공정책 수가를 적용하는 방식이다. 코로나19 등 비상상황 발생 시 사용량에 연동해 평시보다 가산된 수가를 지급해 의사·전문간호사 등 핵심인력 이탈을 방지하고 유경험자의 추가 투입, 감염병 전용 중환자실 및 응급실 확보 등을 유도한다는 구상이다. 또 국민 생명과 건강을 지키는 필수 의료인 중증외상센터, 분만실, 신생아실, 노인성 질환 치료 시설에도 국민건강권 확보 차원에서 공공정책 수가를 도입한다.

윤 당선인은 이와 관련해 "음압병실, 중환자실 등의 설치와 운영에 필요한 인건비, 교육훈련비를 사용량에 상관없이 공공정책 수가로 지급할 것"이라고 말했다. 코로나19 피해 자영업자의 '코로나 블루(코로나19 확산에 따른 우울감)' 극복 지원을 위한 디지털 치료제도 지원한다. 가령 심리상담 및 대화봇, 건강 모니터링 기기 등 디지털 치료제를 제공하는 방식이다.

백신 부작용 국가책임제 실시

코로나19 백신 접종 부작용 피해 회복을 위한 국가책임제도 실시할 방침이다. 윤 당선인은 백신 접종 부작용으로 의심되는 사망자와 심각한 후유증을 겪는 피해자가 증가하고 있지만 백신 접종과의 인과관계를 엄격히 적용해 백신 접종 피해에 문재인 정부가 소극적으로 대응했다고 지적했다. 이에 향후 백신 접종 부작용으로 건강 문제가 발생하더라도 충분한 치료와 보상이 이뤄지도록 국가책임제가 필요하다는 것이다.

예를 들면 코로나19 백신 부작용 인과관계 증명을 정부가 책임지고, 백신 접종 후 사망자의 경우 치료비와 장례비 선지급 후정산하는 방안 등이다. 부작용 피해자에게도 치료비 선지급 후정산을 적용한다. 이를 위해 '코로나19 백신 접종 부작용 국민신고센터'를 설치하고 피해구제기금을 조성할 계획이다.

코로나19 사태를 계기로 바이오헬스 한류시대를 열고 백신·치료제 강국으로 거듭나겠다는 청사진도 제시했다. 현재 한국은 6개 백신이 임상시험 중이지만, 임상 3상 시험 중인 SK바이오사이언스의 경우 미국 워싱턴대학과의 기술협력과 감염병혁신연합지원 백신으로 정부 지원과는 무관하게 진행되고 있다. 이에 따라 백신·치료제 주권을 확립하고 글로벌 백신허브 구축을 위해 국가 차원에서 연구·개발$_{R\&D}$을 전폭 지원할 예정이다. 또 재생의료, 정밀의료, 뇌과학 등 첨단의료 분야에 대한 국가적 R&D도 확대하기로 했다. 현재 국내 바이오헬스 연구비는 6조 6,000억 원으로 미국(216조 원)의 3.1% 수준에 그치고 있다.

코로나 공약 성패,
재정건전성에 달렸다

윤석열 당선인이 첫 번째 공약으로 내세운 소상공인·자영업자의 코로나19 극복 프로젝트는 재원 마련 여부에 성패가 달렸다고 해도 과언이 아니다. 총 50조 원 규모의 재원을 어떻게 마련하느냐는 것이다. 더욱이 코로나19 위기 극복을 위해 재정지출을 크게 늘리면서 국가 재정에 비상등이 켜진 상황이다. 게다가 대선까지 겹쳐 재정적자는 2022년 사상 최대치까지 올라갈 수 있다는 관측까지 나온다. 즉, 이번 공약 이행을 위해서는 재정적자 축소 등 중장기 재정건전성 문제 해결이 관건이다.

2022년 재정적자가 사상 최대치를 경신할 것이라는 우려가 갈수록 커지고 있다. 최근 기획재정부에 따르면 2021년 통합재정수지(정부의 총수입에서 총지출을 뺀 값)는 30조 원대 적자를 기록할 것으로 분석됐다.

총수입은 570조 원, 총지출은 600조 원으로 잠정 추정된 데 따른 계산이다. 통합재정수지가 적자라는 것은 국가에 들어오는 돈보다 나가는 돈이 더 많아 나라 살림살이가 어려워지고 있다는 뜻이다.

2021년 국세 수입은 부동산 시장의 호조와 경기 회복세의 영향으로 당시 2차 추가경정예산안(추경) 때보다 29조 8,000억 원이 늘었고, 본예산 대비로는 61조

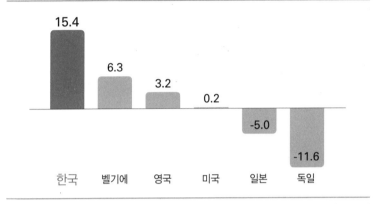

주요국 가운데 가장 빠른 한국 채무 증가율   (단위: 채무비율 상승폭, %포인트)

	한국	벨기에	영국	미국	일본	독일
	15.4	6.3	3.2	0.2	-5.0	-11.6

*2026년 국내총생산(GDP) 대비 일반정부 채무비율에서 2021년 채무비율을 뺀 값.   자료: 국제통화기금(IMF)

원이 넘는 초과세수가 걷혔다. 하지만 코로나19 피해 지원과 방역 대응 등에 역대 최대 규모의 재정 집행이 이뤄져 총지출은 전년에 비해 50조 원가량 증가했다. 이로써 통합재정수지는 2019년(-12조 원)과 2020년(-71조 2,000억 원)에 이어 2021년까지 3년 연속 적자를 기록하게 됐다.

정부는 2022년까지 통합재정수지가 4년 연속 적자를 기록할 것으로 전망했다. 2022년 1월 정부가 국회에 제출한 추가경정예산안 기준으로 2022년 말까지 기록할 통합재정수지 적자 규모는 68조 1,000억 원에 이를 것으로 추산된다. 통합재정수지가 4년 연속 적자를 기록한 것은 국제통화기금IMF의 권고로 통합재정수지를 도입한 1970년 이후 처음이다. 심지어 전문가들은 2022년 통합재정수지 적자가 100조 원대까지 커질 수 있다는 전망을 내놓고 있다. 이는 재정적자가 역대 최대(71조 2,000억 원)를 기록했던 2020년을 넘어서는 수치다.

최근 김우철 서울시립대 교수는 한국금융연구원의 '중장기 재정건전성 유지 방안' 보고서에서 "코로나19 위기 극복 과정에서 팽창한 재정 지출과 수지 불균형 만성화에 따른 재정 적자를 방치하면 향후 5년간 국내총생산GDP 대비 국가채무 비율이 20%포인트 증가할 수 있다"고 경고했다. 2022년 정부 추경안을 반영한 국가채무 비율은 50.1%로 전망되는데, 현재 국가채무 증가 속도가 방치되면 5년 뒤 국가채무 비율이 70%까지 치솟을 수 있다는 얘기다.

　2022년 본예산 기준으로는 관리재정수지 적자 비율이 4.4%인데, 추경이 추진되면 이 비율은 5% 이상으로 뛰어오를 가능성이 매우 크다. 대선 이후 추경이 이어질 가능성이 높다는 점을 감안하면 2022년 관리재정수지도 6%대로 확대될 여지가 높다. 김 교수는 이번 정부 들어 확장재정 기조가 반복되면서 정부 총지출이 2017년 410조 원에서 2022년 본예산 기준 607조 원으로 50% 가까이 늘어난 점을 지적하면서 이 같은 증가세가 고령화로 쉽게 둔화되지 않을 것으로 예상했다.

　그는 "이번 정부 들어 국가채무가 평균 연 10%씩 증가하면서 채무 비율이 2017년 36%에서 2022년 50.1%로 크게 올랐다"며 "이런 증가 폭은 2004년 이후 13년간 3개 정부에서 누적해 늘어난 것과 같다"고 설명했다. 또 그는 가장 우려되는 문제로 현재 재정수지 적자가 앞으로도 크게 줄지 않고 지속되는 점을 꼽았다. 외환위기 같은 비상 상황에 한해 잠시 등장했던 높은 수준의 재정 적자가 코로나19 이후 만성화되면 중장기적으로 재정이 지속 불가능한 경로로 진입하게 된다는 것이다.

　여기에 우리 경제의 버팀목이던 무역수지가 2021년 12월부터 잇따라 적자를 내면서 국가신인도가 타격을 받을 수 있다는 우려도 커지고 있다. 무역수지는 2022년 1월 48억 8,900만 달러 적자를 기록하며 2021년 12월(-4억 5,000만 달

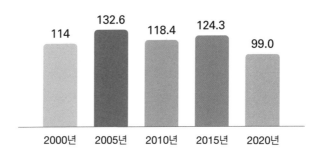

한국의 적정 외환보유액 비중 (단위: 적정 외환보유액 비중, %)

114   132.6   118.4   124.3   99.0

2000년   2005년   2010년   2015년   2020년

*적정 외환보유액 비중은 연간 수출액, 통화량, 유동외채·부채 대비 외환보유액 비중.   자료: 국제통화기금(IMF)

러)에 이어 적자를 내고 있다. 무역수지 적자의 주요 원인은 유가 등 에너지 가격의 상승이다. 글로벌 공급망이 무너진 가운데 러시아-우크라이나 간 지정학적 위기 여파가 당분간 이어질 것으로 보여 이 같은 추세가 쉽게 바뀌지는 않을 것이라는 전망이 많다.

급락하는 재정·무역 수지 상황은 우리나라의 대외신인도에 치명적이다. 대선 직후인 2022년 4~5월에는 국제신용평가사 무디스와 스탠더드앤드푸어스(S&P)가 잇달아 한국 국가신용등급을 발표한다. 신용등급 전망이나 한국 재정 상황에 대한 언급이 있을 경우 역대 최대치인 214조 원 규모의 외국인 채권 투자 자금의 이탈 등 경제 전반에 충격을 줄 수 있다.

이인실 서강대 교수는 "국가 재정적자 만성화는 심각하다"며 "현 정부가 재정 만능주의에 빠져 지출을 너무 확대했다"고 지적했다. 이 교수는 "재정수지 개선을 위해서는 단순히 지출 구조조정뿐만이 아닌, 재정만능주의 기조의 전면적 전환이 필요하다"고 말했다.

한국의 외환보유액 적정선도 붕괴된 것으로 나타났다. IMF는 연간 수출액의 5%, 시중 통화량M2의 5%, 유동외채의 30%, 외국인 증권 및 기타 투자금 잔액의 15% 등을 합한 규모의 100~150% 수준을 적정 외환보유액으로 계산한다. 하지만 2020년 기준 한국의 외환보유액 비중은 99%로 관련 통계가 집계된 2000년 이후 처음으로 100%선 아래로 내려갔다. 한국의 적정 외환보유액 비중은 2000년만 해도 114%에 달했지만 2018년 이후 급격히 하락하고 있다. 외환보유액이 늘어나는 속도보다 단기외채 등이 늘어나는 속도가 더 빨랐기 때문이다.

한국은행은 2022년 1월 외환보유액이 4,615억 3,000만 달러로 중국, 일본, 스위스, 대만 등에 이어 세계 8위로 상대적으로 높은 수준을 보였다고 발표했다. 기획재정부 관계자는 "최근 외환보유액 감소는 달러 가치 강세 등에 따른 현상"이라며 "여러 지표를 통틀어 볼 때 우리나라 국가신인도에 문제가 생겼다고 보기는 어렵다"고 평가했다. 하지만 전문가들은 외환보유액 절대액수가 중요한 게 아니라 국가 경제 규모와 특성에 따른 외환보유액이 더 중요하다고 말한다.

특히 글로벌 공급망 붕괴와 미국 등 주요국 금리 인상 리스크, 우크라이나 지정학적 위기 등 대외 불확실성이 커진 만큼 더 많은 외화 비상금을 확보해야 한다는 분석이 많다. 김정식 연세대 경제학부 명예교수는 "우리나라는 외국인 주식 투자 비중이 높고 북한과 안보 이슈도 고려해야 한다"며 "외환보유액을 다른 나라보다 많이 가지고 있어야 한다"고 지적했다.

글로벌 신용평가사 피치는 2022년 1월 한국 국가신용등급을 AA-로 유지하면서도 재정 여력에 대해서는 우려감을 표했다. 피치는 "한국이 단기적으로 국가채무 증가를 감당할 수 있는 수준이지만 국가채무비율 전망이 지속적으로 상승하고 있다"며 "이는 중기적 관점에서 신용등급 압박 요인으로 작용할 수 있다"고 평가했다.

2026년 한국의 일반정부 국가채무는 국내총생산GDP 대비 66.7%까지 불어날 것으로 전망된다. 2021년 51.3%에 비해 15.4%포인트 뛰어오르는 것으로, IMF가 선진국으로 분류한 35개국 가운데 빚이 늘어나는 속도가 가장 빠르다. 앞으로 나랏빚은 이 같은 관측보다 더 늘어날 가능성이 크다. 국가채무가 일정 수준을 넘지 않도록 규정한 재정준칙법(국가재정법)이 1년 넘게 국회에서 잠자고 있는 가운데 정치권 압박으로 잇따라 추가경정예산이 추진되고 있기 때문이다. 우석진 명지대 경제학과 교수는 "불가피한 상황에서는 재정을 늘려야 하지만 일정 시점이 지나면 제동을 걸어야 한다"며 "한국에는 재정준칙이 없어 재정정책에 제동 장치가 없다"고 말했다. 이어 "코로나19 국면 이후 어떻게 재정 규모를 효율화해 나갈 것인가에 대한 구체적 계획이 나와야 하는 시점"이라고 덧붙였다.

지출 확대에 따른 국가 재정적자 만성화에 에너지 가격 상승에 따른 무역수지 적자, 빠르게 늘어나는 국가 채무, 적정 수준을 밑도는 외환보유액 등을 감안하면 현재 한국의 재정상태는 위기에 놓여 있다. 이러한 상황에서 윤 당선인은 50조 원을 들여 소상공인과 자영업자의 코로나19 피해를 보상하겠다는 것이다. 그만큼 이번 공약을 실행하는 과정에서 국민적 저항과 반발은 만만치 않을 전망이다. '여소야대' 국회에 막혀 시작조차 제대로 못할 수 있다는 관측도 제기된다. 따라서 '대통령 윤석열'의 정체성과 가치를 가장 잘 드러내는 첫 번째 공약을 이행하려면, 국민의 공감과 지지를 얻을 수 있는 정교하고 체계적인 중장기 재정 건전성 확보 방안이 필수다.

...

지속가능한
좋은 일자리

규제 개혁 전담기구 설치해 규제 풀기

윤석열 당선인은 규제 개혁 전담기구 신설을 통한 규제 혁신을 대표 공약으로 내세웠다. 그는 2021년 9월 당내 대선 주자 발표회 때부터 차기 정부 출범 즉시 대표적 규제 80여 개를 폐지하겠다고 선언하기도 했다.

4차 산업혁명과 디지털 대전환에 따라 산업질서가 급변하면서 신산업 분야 수요에 대한 과감한 규제 혁신과 정부 지원사업의 실시가 시급하다고 보고 있기 때문이다.

구체적으로는 규제 개혁 전담기구를 둬 기업투자를 활성화하고 미래차, 2차전지, 바이오 등 신산업 분야의 R&D와 세제 지원을 확대하겠다는 공약을 내놨다. 또 신산업 분야에서 필요로 하는 전문 인력 양성을 확대하고, 산업구조 전환에 따라 경쟁력이 약화될 부품 기업 등의 업종 전환도 촉진시킬 방침이다.

윤 당선인의 선거캠프에서 경제분과 간사를 맡았던 김소영 서울대 경제학부 교수는 "규제 철폐 공약의 핵심은 '규제 혁신 총괄 기관 설립'이다. 아예 부처를 만들 수도 있는데 확정된 사안은 아니다. 부처가 아니라도 따로 기관을 만들 예정이다. 사실 그런 기관이 지금도 존재하지만, 지금보다 더 종합적인 기능을 할 수 있도록 권한을 주고 체계를 갖출 것"이라고 밝혔다. 그는 또 "정부가 지출한 예산이 효율적으로 잘 사용됐는지를 독립적으로 평가할 수 있는 전담기구도 필요할 것"이라고 말했다.

전담기구를 두는 방안 외에도 윤 당선인은 규제와 관련해 비용 관리제를 도입할 예정이다. 규제영향평가 등 규제 개혁을 통해 얻을 수 있는 비용을 따져보면서 구체적으로 관리하겠다는 것이다. 또 규제 완화 이행 과정에서 들어가는 사회적 비용 등도 비교해 볼 예정이다. 사회적 비용에 대한 고통 분담도 필요하지만, 불필요한 규제 철폐로 인해 얻는 수익은 사회로 환원될 수 있게 된다.

윤 당선인은 규제 혁신과 재정 지원으로 인공지능AI, 문화콘텐츠, 헬스케어, 금융 등 다양한 분야에서 유니콘 기업(기업가치 10억 달러 이상인 비상장기업)을 탄생시켜 임기 중 '세계 3대 유니콘 강국'을 달성하겠다는 약속도 내세웠다.

특히 그는 가상자산산업과 관련해 "가상자산 관련 기업에서도 유니콘 기업이 나올 수 있도록 명시적으로 금지한 행위가 아니면 모두 허용하는 '네거티브 규제' 방식을 도입하겠다"고 밝히기도 했다.

연도별 국내 유니콘기업 수

(단위: 개)

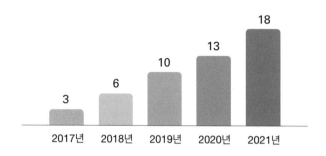

3
2017년

6
2018년

10
2019년

13
2020년

18
2021년

*매년 상장으로 유니콘 기업을 졸업한 기업은 제외한 수치.　　　　　자료: 중소벤처기업부

국내 유니콘기업 목록

기업명	구분	기업명	구분
옐로모바일	모바일	쏘카	카셰어링
엘앤피코스메틱	화장품	컬리*	온라인 신선식품 배송
두나무*	핀테크	티몬	소셜커머스
비바리퍼블리카	핀테크	직방*	부동산중개
야놀자	O2O 서비스	당근마켓*	전자상거래
위메프	전자상거래	버킷플레이스*	전자상거래
지피클럽	화장품	빗썸코리아*	핀테크
무신사	전자상거래	리디*	콘텐츠플랫폼
에이프로젠	바이오	A사(기업명 비공개)	–

*는 신규　　　　　자료: 중소벤처기업부

　　국내 빅테크 금융업이 빠르게 성장함에 따라 금융 규제 개선에 대한 공약도 내놨다. 최근 일부 온라인 플랫폼의 사업 모델이 금융 소비자 보호를 위한 규율에 저촉되는 사례가 발생하는 등 금융과 비금융의 경계가 모호하고 규율 체계가 불명확하기 때문이다. 이에 따라 윤 당선인은 빅테크 금융업 확대에 대비한 금융 규율 체계

를 정비하되 중소형 핀테크 기업의 혁신적 금융서비스 도입을 촉진할 수 있도록 규제를 재정비할 계획이다.

가업승계제도 완화 공약도 눈길을 끈다. 윤 당선인은 선거 유세 과정에서 "가업승계제도를 개선해 중소기업이 우량 장수기업으로 지속적으로 성장할 수 있도록 돕고, 중소기업 일자리를 보전하겠다"고 수차례 강조해왔다. 가업상속공제제도의 관리 기간과 업종 요건을 선진국 수준으로 완화해 중소기업이 계획성 있는 승계 작업을 진행할 수 있도록 하겠다는 것이다.

국내에서 부과되는 상속세의 명목 최고세율은 50%다. 경제협력개발기구OECD 국가 중 일본(55%)에 이어 세율이 두 번째로 높다. 일종의 징벌적 성격이 강해 조세제도가 강소기업 역사를 끊는 원인이 되고 있다는 지적이 재계에서 지속적으로 제기돼왔다. 다만 세율 조정은 향후 사회적 합의가 선행돼야 할 것으로 보인다.

윤 당선인은 기업경제 관련 법령에서 규정하고 있는 특수관계인 친족범위(혈족 6촌, 인척 4촌)도 합리적으로 개선하겠다고 약속했다. 평소 전혀 인지하지 못했던 친인척의 회사가 계열사로 편입되는 등 부작용이 끊이지 않고 있기 때문이다.

2021년 전국경제인연합회가 실시한 여론 조사에서 국민 10명 중 8명은 친족 범위를 최대 4촌으로 인식했으며, 6촌까지로 인식한 경우는 1.8명에 불과했다. 이미 한국처럼 핵가족이 보편적인 가족 형태가 된 주요 선진국가도 특수관계인의 친족 범위를 최대 4촌까지로 보고 있다. 미국과 영국은 특수관계인 범위를 통상 2촌까지

(부모와 형제자매)로, 독일은 부모의 형제자매(3촌)까지, 프랑스는 최대 4촌까지로 규정하고 있다.

윤 당선인은 친족 범위를 합리적으로 조정하고, 경제적 공동 관계가 없다는 점이 증명된 경우 예외를 인정하는 등의 방안을 추진할 계획이다.

윤 당선인은 벤처기업 창업자가 자유롭게 투자를 유치하고 기업의 안정적인 경영권을 확보할 수 있도록 벤처기업에 대한 '복수의결권 제도'도 도입하겠다고 밝혔다. 주요 선진국에 비해 한국의 벤처기업에는 경영권 방어 수단이 잘 갖춰져 있지 못하기 때문이다.

복수의결권 도입을 담은 벤처기업법 개정안은 2021년 말 국회 산업통상자원중소벤처기업위원회를 통과했으나 현재 국회 법제사법위원회의 문턱을 넘지 못하고 계류 중이다.

해당 법안의 주요 내용은 창업주에 한정하며 대규모 투자 유치 때문에 최대주주 지위를 상실하는 등의 경우 발행, 1주당 의결권은 10개 한도로 존속 기간은 최대 10년 이내 가중 특별결의(총 주식 수의 4분의 3)로 주주의 동의를 거쳐 발행, 공시 대상 기업집단 편입 때 즉시 보통주식으로 전환, 소수 주주 권리 보호와 대주주 견제를 위해 감사 선임, 자본금 감소 등 주요 사항에 대해서는 1주 1의결권으로 제한 등이다.

근로시간 노사 자율결정 확산

'주 52시간 근로제 유연화'는 윤석열 당선인의 주요 노동 공약이다. 현행 주 52시간제를 노사 합의를 바탕으로 탄력적으로 운영하자는 구상이다.

구체적으로 연평균 기준으로 주 52시간 근로를 유지하되 노사가 합의하면 업무 종류별 특성에 맞게 근무시간을 조정하겠다고 했다. 현행 탄력근로제는 주 최대 64시간까지만 일할 수 있도록 제한을 두고 있지만 이를 월 단위로 확대해 지금보다 유연화할 계획이다.

2021년 중소기업중앙회가 근로자 5~299인 규모 중소기업 414곳을 대상으로 실시한 주 52시간제 실태 설문조사 결과에 따르면 응답자의 54.1%는 여전히 주 52시간제 시행에 어려움을 느낀다고 답했다. 이 중 제조업종이 64.8%로, 비제조업(35.9%)보다 높았다.

주 52시간제 시행이 어려운 이유(복수 응답)로는 구인난이 52.2%로 가장 많고 이어 사전주문 예측이 어려워 유연근무제 활용이 어려움(51.3%), 추가 채용에 따른 인건비 부담(50.9%) 등의 순이었다.

대응 방법(복수 응답)으로는 탄력근로, 선택근로 등 유연근무제 도입(30.7%), 추가인력 채용(18.6%), 특별연장근로 인가제 활용(17.1%) 등의 순으로 나타났다. 중소 조선업체 근로자를 대상으로 한 별도 설문조사에서는 76.0%가 주 52시간제 시행에 반대한다고 답했다. 반대 이유(복수 응답)는 잔업 감소로 임금이 줄어 생계에 부정적 영향을 미친다는 응답이 96.9%로 가장 많았다. 실제 주 52시간제 시행으로 임금이 줄었다는 응답은 91.8%였고, 평균 임금 감소액은 65만 8,000원이었다.

윤 당선인은 이런 현실을 반영해 주 52시간제에 따른 중소기업의 경영 부담을 완화하고 기업 경쟁력을 높이겠다는 계획이다. 선거운동 기간 윤 당선인은 줄곧 주 52시간제에 대해 부정적인 입장을 내비쳐왔다. 윤 당선인은 인천 남동공단을 찾아 "주 52시간 제도를 시행했을 때 저는 중앙지검장이었는데, 중앙지검 직원들 중에서도 불편을 느끼고 반대한 사람들이 많았다"고 말하기도 했다.

그러면서 "전체 근무시간은 유지하되 합리적이고 유연하게 개선해가겠다"며 "사업주와 근로자의 합의를 전제로 필요에 따라 개별 기업 상황에 맞게 탄력적으로 운영할 수 있도록 할 것"이라고 공언했다.

주 52시간제로 인한 문제가 일어나는 곳은 대부분 중소기업인데, 법제화가 대기업 노조의 영향 아래 이뤄지다 보니 중소기업은 주 52시간제를 받아들일 수밖에 없는 상황이 돼버렸다는 것이 윤 당선인의 진단이다.

주 52시간제를 둘러싼 논란에 타임뱅크제, 탄력근로제 단위 기간 확대 등 관련 정책 보완 요구가 빗발치고 있으나 정부는 뒷짐만 지고 있는 상황이다.

윤 당선인은 특히 현행 근로기준법이 20세기 공장법 방식으로 근로시간과 임금을 규정하고 있어 디지털 전환 시대에 적절하지 않다고 보고 있다. 디지털 전환에 따른 근무시간, 근무 장소의 해체와 성과 중심의 근무 방식 확대를 반영하지 못한 낡은 법이란 것이다.

이에 윤 당선인은 주 52시간제를 유연화하면서 선택적 근로시간제의 정산 기간도 현행 1~3개월에서 1년 이내로 확대할 계획이다. 사무연구직 등 선택적 근로시간제를 선호하는 직무나 부서별로 노사 합의를 거쳐 1년 이내의 범위에서 선택적 근로시간제의 정산 기간을 자율적으로 설정하자는 것이다.

연간 단위 근로시간저축계좌제도도 도입할 계획이다. 저축계좌에 적립된 초과근로시간을 장기 휴가로 사용할 수 있도록 하고, 연장근로시간은 총량규제 방식으로 전환시키겠다는 계획이다.

정규직을 유지하면서 전일제 근로와 시간제 근로를 선택할 수 있는 제도도 도입된다. 출산, 육아 등으로 풀타임 정규직 근무가 어려운 여성들이 일자리 질이 낮아도 시간제 일자리를 선택할 수밖에 없는 현실을 고려한 공약이다.

윤 당선인은 시간선택형 정규직 제도가 근로시간 유연화를 통해 근로자들에게 자기계발 및 여가활동 기회를 보다 많이 제공할 것으로 기대하고 있다.

현행 '시간제 일자리'는 시간제로 채용돼 정규직 전환을 허용하지 않는 근로 유형으로 또 다른 비정규직 문제를 야기하고 있다.

그러나 시간선택형 정규직 제도를 시행함으로써 풀타임 근로자가 필요한 기간 동안 시간제를 선택해 근로할 수 있도록 근로시간,

임금 등 근로조건을 명료하게 정한 새로운 근로 유형을 보급하겠다는 취지다.

윤 당선인은 재택근무와 텔레워크, 모바일워크 등 유연근무방식도 적극 권장할 계획이다. 또 육아기 재택근무도 확대한다. 여성 고용률이 증가했음에도 근로환경이 열악한 시간제 일자리에서 여성 근로자 비중이 높은 점을 감안한 것이다.

연장근로시간 특례업종과 특별연장근로 대상에 신규 설립된 스타트업을 포함시키는 한편 전문직 직무, 고액연봉 근로자에 대해서는 연장근로수당 등 근로시간 규제 적용을 제외할 방침이다.

윤 당선인의 공약에는 노동위원회 조정기능을 강화하고 노사관계 전문가를 조정담당 상임위원으로 임명해 노사갈등 조정능력을 제고하겠다는 약속도 담겼다. 장기노사분쟁 전담 조정위원회를 설치, 갈등 장기화를 예방하겠다는 것이다.

일부 노사관계가 대립과 갈등에서 벗어나지 못하고 있고, 노동권 보호가 필요한 근로자에 대해 정부가 적절한 역할을 하지 못하고 있다는 판단에 따른 공약이다. 실제 국가경쟁력 평가에서 노사협력 분야 경쟁력은 줄곧 최하위 수준에 머물러 있다.

윤 당선인은 노사협의회 근로자 위원을 근로자 직접투표로 선출토록 해 독립성과 대표성을 강화하기로 했다. 대기업 집단, 원하청 노사가 참여하는 공동노사협의회 운영도 활성화할 계획이다. 공무원·교원의 노조전임자에 대한 타임오프제도 마련을 통해 원활한 노조 활동도 보장키로 했다.

다만 노조에 의한 무단사업장 점거, 폭력 행사 등의 불법행위에 대해서는 엄정한 법 적용으로 공정한 노사관계 관행을 확립할 방침이다.

윤 당선인은 플랫폼 종사자 등 사회안전망 사각지대에 놓여 있는 근로자들의 노동권 보호를 위한 공약도 내놨다. 청년 실업률이 증가하고 좋은 일자리가 부족한 상황에서 구직을 원하는 청년들이 한시적 일자리에 내몰리고 있기 때문이다. 윤 당선인은 플랫폼 종사자를 포함한 모든 노무제공자의 권리를 보장하기 위해 모든 노동자의 기본권 보장을 법제화할 계획이다. 또 '청년아르바이트 근로자보호법'을 마련해 임시직 청년 근로자의 권리 구제를 위한 노동법적 보장 내용을 구체화할 방침이다.

아울러 임금체불, 휴일 미부여 등 청년 노동권 침해가 발생할 경우 무료로 법률서비스를 제공하겠다고 약속했다.

세대 상생형 임금체계 개편

윤석열 당선인은 임금체계와 관련해 기존 연공형 임금체계 대신 직무와 성과를 반영한 임금체계를 제시했다. 직무·성과와 동떨어진 연공형 임금체계가 개선 없이 지속되면서 보수의 공정성과 성과혁신 동기를 저해하고 있다는 판단 때문이다.

또 세대·고용 형태 간 임금격차가 확대되면서 연공형 임금체계가 중장년 세대에 대한 조기퇴직 압박 요인으로 작용하고 있다는 점도 감안했다.

연공형 임금체계가 청년취업의 진입장벽으로 작용하고 있다는 점에서도 연금체계 개선 필요성은 꾸준히 제기돼온 문제다. 한국경제연구원에 따르면 경제협력개발기구OECD 회원 국가의 청년(25~34세) 고등교육 이수율 및 고용지표를 분석한 결과, 한국의 청년 대졸자 고용률은 75.2%로 37개국 중 31위였다.

경직된 노동시장 구조와 연공형 임금체계로 인해 대기업과 정규직이 높은 임금과 고용 안정을 누리면서 청년층이 노동시장 진입에 어려움을 겪고 있다는 분석이다.

한국경영자총협회 분석도 마찬가지다. 한국에서 근속 30년 이상 근로자의 임금이 근속 1년 미만 근로자보다 3배 가까이 높은 것으로 나타났다. 이는 일본, 유럽 등에 비해 큰 격차다. 연공서열식 임금·인사체계로 장기 근속자들의 연봉이 높다 보니 기업 경쟁력과 고용 안정 모두를 저해하고 있다는 지적이다. 경총에 따르면 한국은 2020년 기준 10인 이상 사업체의 근속 30년 이상 근로자 월평균 임금이 8,089달러(약 950만 원)였다. 이는 일본(5,433달러), EU·영국 평균 임금(5,543달러)보다 높은 수준이었다.

근속 1년 미만 근로자와 비교하면 격차가 크다. 한국은 30년 이상 근속자의 임금이 1년 미만(2,744달러)의 2.95배에 달한 반면 일본은 2.27배, EU·영국은 1.65배였다. 근속 기간이 길어질수록 한국이 경쟁국에 비해 임금이 월등하게 상승한 것이다. 한국에서 장기

근속자들의 임금이 이처럼 가파르게 오르는 원인으로는 연공형 임금체계가 꼽힌다. 기업으로서는 장기근속 근로자에 대한 임금 부담이 커 신규 채용을 주저하거나 일부 관리직 이외의 장기근속자에 대한 구조조정에 나서고 있다. 임금피크제 등 연공서열식 임금체계를 보완하는 제도가 도입됐지만 공공기관, 금융권 정도를 제외하면 일선 기업에서는 여전히 소극적으로 시행되고 있다.

윤 당선인은 청년고용 활성화와 장년층 고용안정을 구현하기 위한 방안으로 '직무급'을 반복적으로 언급해왔다. 공약집에도 연공형 중심 임금체계를 직무가치 및 성과를 반영한 임금체계로 개선하겠다는 내용이 담겼다.

또 사업장 내 직무, 직군, 직급별로 근로자들이 원하는 임금체계가 상이할 경우 해당 부문 근로자대표와 사용자 간 서면합의로 결정할 수 있도록 관련법을 개정하겠다고 약속했다.

임금위원회 같은 임금 정책의 컨트롤타워를 신설하고 임금이나 직무평가 관련 정보와 컨설팅 제공도 확대된다.

그러나 임금체계 개혁이 공공부문에서 민간부문까지 순항할지는 미지수다. 임금은 근로조건을 규정한 취업규칙의 핵심적 사항이다. 정부가 개입할 수 있는 건 공공부문의 임금체계 정도다. 여기서도 취업규칙을 불리하게 변경하려면 노동조합의 동의가 필요하다. 노동조합이 선뜻 연공급 개혁에 동의할 것이라고 기대하긴 어렵다.

민주노총과 한국노총은 직무급보다는 연공급을 선호하는 경향이 있다. 성과연봉제에 대한 노조의 거부감도 강하다. 박근혜 정부는 직무와 성과에 기반한 임금체계를 도입하려고 했으나 노조의 반대에 직면했다. 이에 '사회통념상 합리성'이 있으면 노조 동의 없이도 취업규칙을 바꿀 수 있다는 지침을 만들었다가 거센 후폭풍이 불기도 했다. 문재인 정부는 해당 지침을 폐기했다.

이처럼 정부가 연공형 임금체계를 직무급 방향으로 개편할 것을 강제하긴 어렵다. 노조의 동의를 끌어내야 하는데 노조는 연공급제를 선호한다. 이것이 바로 역대 정부들이 해결하지 못한 딜레마다.

민간주도형 일자리 창출

윤석열 당선인의 일자리 공약은 '민간주도의 좋은 일자리 창출'로 요약된다. 기업과 대학 혹은 교육 기관과의 연계를 통해 적재적소에 필요한 기업형 인재를 육성해야 한다는 것이다. 이는 공공기관을 중심으로 하는 비정규직의 정규직화, 공무원 채용·공공일자리 확대 등 재정을 투입하는 문재인 정부의 일자리 정책과는 차이가 있다.

문재인 정부가 최저임금 인상 등 소득 주도 성장론을 내세운 결과 민간 중심의 일자리는 늘어나지 못했고, 재정을 투입한 공공일자리만 늘어나는 상황이 초래됐다. 문제는 시간이 갈수록 민간 일자리는 점차 줄어들기 때문에 재정을 점점 더 많이 투입해야 했다는 점이다. 이는 장기적으로 지속 가능하지 않은 시스템이라는 것이 윤 당선인의 시각이다.

최근 전국경제인연합회가 실시한 여론조사에서 국민 절반(46.7%)이 차기정부 1순위 과제로 '경제활성화'를 꼽았다. 이어 경제활성화를 위해 추진해야 할 최우선 과제로 '일자리 창출(28.9%)'이 선정됐다. 일자리 창출을 위해서는 '기업 성장(29.7%)'이 가장 중요하다고 답했다.

대한상공회의소의 설문조사 결과도 비슷했다. 대한상의는 국내 기업 최고경영자 25명을 대상으로 '새 정부에 바라는 조세제도 개선 과제'를 물었다. 조사 결과 '분배'보다는 '성장'에 방점이 찍혔다.

윤 당선인은 기업 성장을 통한 좋은 일자리 창출을 강조하고 있다. '좋은 일자리'란 임금 수준이 높고 구직자가 경험을 쌓을 수 있는 민간 일자리를 말한다. 좋은 일자리 창출을 위해 규제 개혁, 혁신인재 양성, 중소기업의 신산업 진출 지원, 첨단산업 투자유치, 글로벌 선도기업에 대한 맞춤형 지원 등을 이행하겠다는 것이 윤 당선인의 약속이다.

먼저 혁신인재 양성을 위해 기존 교육시스템 손질에 나설 계획이다. 윤 당선인은 특성화고와 전문대학을 강화해 고숙련 전문인재를 양성하겠다는 구상을 갖고 있다.

특성화고 졸업생의 취업률은 문재인 정부 들어 급격히 하락했다. 2017년 50.6%에 달했지만 2020년 27.7%로 반토막이 났다. 반

윤석열 대통령 당선인(왼쪽)이 최태원 대한상공회의소 회장과 2022년 2월 7일 오후, 서울 중구 대한상공회의소 국제회의장에서 열린 대선 후보 초청 특별강연에 참석하고 있다.

면 전문대 취업률은 코로나19 확산 이전인 2019년 70.9%로 4년제 대학(63.3%)보다 높게 나타났다.

윤 당선인은 산업 연계 실무중심 직업교육을 강화해 취업역량을 제고하고 인공지능, 빅데이터, 클라우드 등 신기술 직업교육과정을 도입해 신산업 분야 고숙련 인력을 양성할 계획이다. 또 전문대가 지역 거점 평생교육기관으로 육성될 수 있도록 지원한다.

대학에는 '패스트 러닝 트랙Fast Learning Track'을 개설해 신산업 첨단인재를 조기 양성할 수 있도록 한다. 패스트 러닝 트랙은 학·석사 연계 과정, 학·석·박사 연계과정, 석·박사 연계과정 등 탄력적인 학위 과정을 말한다. 또 미래 유망산업 10개 학문 분야를 선정하고 10년간 집중 육성한다는 계획이다.

한편 대학이 '교육'과 '연구'뿐만 아니라 경제적 가치 산출의 주역으로 자리매김할 수 있도록 스타트업 육성을 적극 지원할 계획이다. 특히 소관부처를 단일화하고 관계 법령을 정비해 대학 창업을 담당하는 컨트롤 타워도 신설한다.

디지털화 등 기술변화에 따라 고용형태가 다양화하면서 자영업자와 플랫폼노동자 등을 지원할 수 있는 방안도 나왔다. 먼저 자영업자와 플랫폼노동자들을 대상으로 한 직업능력개발 기회를 확대한다. 역량 진단, 직업훈련, 취업알선, 재교육 등을 패키지로 연계해 추진한다는 계획이다.

또 현장 중심의 통합 훈련프로그램도 도입한다. 업무 여건을 고려해 훈련시간, 장소 등의 유연한 적용과 활용을 지원하고, 온·오프라인 연계 훈련 등 통합훈련 프로그램을 개설할 계획이다. 창업 준비 프로그램 제공을 통한 업종전환과 재취업 지원도 이뤄진다.

청정에너지 기술을 글로벌 '톱3' 수준으로 끌어올려 고급 일자리를 창출하겠다는 공약도 내놨다. 윤 당선인은 원전의 경우 전 세계적으로 탄소중립 에너지로 주목받고 있으나 안전성 강화와 재생에너지 연계 기능 강화에 대한 요구도 증대되고 있다고 보고 있다.

태양광 풍력 발전은 글로벌 경쟁이 심화되는 중이고 특히 태양광은 중국 등에 비해 글로벌 경쟁력이 취약한 상황이다. 풍력은 국내 시장 규모가 작고 투자비 규모가 커 불리한 여건에 놓여 있다.

또 수소는 지속가능성장을 위한 전·후방 산업의 생태계가 취약한 상황이다.

전반적으로 에너지의 청정화·분산화·디지털화로 새로운 사업모델이 구현되고 있는 중이지만 한국은 산업·시장 구조의 경직성 등으로 해외 전문기업 대비 사업 참여 기회가 부족한 상황이다.

윤 당선인은 한국의 청정에너지 기술력 강화를 위해 대형 및 소형 원전의 경쟁력을 제고하고 수소에너지 기술 육성, 배터리 신기술, 차세대 태양광 기술을 집중 개발하겠다고 약속했다. 또 4차 산업 기술과 연계한 에너지 신산업 창출과 에너지 벤처 활성화도 적극 지원할 예정이다.

아울러 디지털화·탄소중립정책 등으로 인한 산업전환 과정에서 중장년의 일자리가 흔들리지 않도록 돕겠다는 공약도 내놨다.

중장년 근로자들이 산업전환 과정에 적절히 적응하지 못할 경우 사회적으로 극심한 대립과 갈등이 벌어질 우려가 크기 때문이다. 이 때문에 기존 인력을 재교육하고 재배치해야 할 필요성이 갈수록 커지고 있는 상황이다.

윤 당선인은 산업전환에 앞서 고용에 미치는 영향을 사전에 평가하겠다고 밝혔다. 디지털·저탄소 경제로 전환하기에 앞서 기존 인력과 협력업체 종업원의 고용에 미치는 영향을 사전 평가하는 시스템을 구축하겠다는 것이다. 또 사전평가 결과를 토대로 관련 정책을 수립하고, 기업·근로자·지역이 연계해 노동전환 종합지원 계획을 수립하는 시스템을 구축할 계획이다.

산업·지역별 노동전환 서비스도 제공된다. 산업·지역별로 근로자들에게 맞춤형 교육훈련을 제공하고 인력 재배치 작업이 원활히 이뤄지도록 지원한다는 구상이다. 특히 저숙련 취약 노동자들에게 피해가 집중되지 않도록 다양한 근로자 보호 조치를 선제적으로 시행할 방침이다.

윤 당선인은 정부의 고용서비스도 한층 고도화시킬 계획이다. 기존 고용서비스는 종류가 다양·복잡하고 공급자 위주로 설계돼 있어 구직자가 자신에게 적합한 고용서비스를 도움 없이 이용하기 어렵다는 판단 때문이다.

또 고용서비스가 대부분 지원금 중심이며 기업 서비스 전문성이 부족할 뿐만 아니라 적극적인 구인서비스 개발 노력이 부족하다는 점도 문제점으로 지적돼 왔다.

윤 당선인은 AI와 고용노동 빅데이터를 접목해 '차세대 디지털 고용서비스 플랫폼'을 구축하고 스마트일자리매칭 서비스를 고도화할 계획이다.

'구직자 도약보장 패키지'도 도입된다. 구직자의 생애주기에 맞는 고용서비스를 개별프로그램 단위가 아닌 구직자 맞춤형 패키지로 제공하겠다는 구상이다. 또 중소기업을 대상으로 한 '기업 도약보장 패키지'를 도입해 인재채용 지원, 일자리 질 개선, 근로자 교육훈련, 일터 혁신, 디지털전환 지원 등을 제공할 예정이다.

고용서비스 전문성 제고를 위해서는 전문인력 양성체계를 구축하고 기존 고용서비스 종사자들의 전문성 제고를 병행할 방침이다.

일류 선진국 수준의
R&D 지원을

저성장, 저출생에 시달리는 한국이 명실상부한 경제 선진국 위상을 굳히려면 소득 5만 달러대 국가들을 겨냥해 보다 강한 성장전략을 짤 필요가 있다.

매일경제와 한국경제연구원이 인구 1,000만 명 이상에 소득 5만 달러 이상인 국가(미국, 호주, 네덜란드, 스웨덴)와 한국의 차이점 비교해보니 대기업 연구개발$_{R\&D}$ 세제지원, 기업규제환경, 노동시장 유연성에서 큰 격차가 있는 것으로 분석됐다.

2021년 최신 경제협력개발기구$_{OECD}$ R&D 통계를 분석해보니 대기업 R&D 정부지원율은 미국 7%, 호주 10%, 네덜란드 15%, 스웨덴 11%로 10% 이상인 반면 한국은 2%에 불과했다. R&D지원율은 기업이 R&D에 투자한 데 따른 세액공제 등 세제지원 비율을 뜻한다. 예를 들어 정부지원율이 10%이면 기업이 100원 투자했을 때 10원의 세제 혜택을 받는다는 의미로 R&D 지원 마중물을 보는 지표로 해석된다.

소득 5만 달러 국가들은 코로나19 국면을 기술격차를 벌릴 수 있는 기회로 보고 대대적으로 R&D지원을 늘려 잡고 있다는 공통점이 있다. 스웨덴은 2020~2021년 포스트 코로나19 국면을 대비하기 위해 혁신 전략을 단행했다. 2020년 R&D 세액공제율을 두 배로 인상(10%→19.6%)하고 공제한도도 확대(91

1인당 소득 5만 달러 국가와 한국간 기업 **R&D** 정부지원율 비교 (단위: %)

	미국	호주	네덜란드	스웨덴	한국
대기업	7 (27위)	10 (26위)	15 (21위)	11 (25위)	2 (31위)
중소기업	7 (28위)	21 (17위)	39 (4위)	11 (27위)	26 (14위)

*2021년 기준 기업의 R&D에 대한 정부의 지원(세제지원 및 각종 보조금 포함)
정도를 나타내는 지표(ex. 정부지원율이 10%면, 100원만큼 R&D 투자를 하였을 때
정부로부터 10원만큼의 지원을 받는다는 의미).
괄호 안은 코스타리카를 제외한 OECD 37개국 중 순위

자료: OECD, 한국경제연구원

만 9,239크로나→125만 5,652크로나)한 게 대표적이다.

네덜란드는 기업 활력을 끌어올려 코로나19 위기에 대응할 목적으로 2021년 한시적으로 R&D 세액공제율을 일반기업은 32%에서 40%로 스타트업은 40%에서 50%로 인상했다. 호주도 2021년 민간 R&D 지원 강화를 위해 구조적 개혁과 지원을 확대했다. R&D 담당 부처인 산업혁신과학부에 R&D 세제지원 입법·행정에 대한 독립적 결정 권한을 부여했고 대기업의 R&D 투자 확대에 대한 추가 인센티브를 부여했다. 호주는 R&D 비용이 총 비용의 2%를 초과하면 초과액에 대한 세액공제율을 인상(38.5%→46.5%)한 것이다.

반면 한국은 R&D 핵심인 반도체특별법이 재벌 특혜 논란으로 최근 국회에서 대폭 수정되며 당초 업계에서 요구했던 시설투자비용에 대한 50% 세액공제율이 최대 20%로 깎이는 등 반쪽짜리 법으로 시행됐다. 특혜 논란에 대기업 세제지원율이 2%대에 머물고 있는 것도 같은 맥락이다.

상황이 이런데 기업 투자는 계속 떨어지고 있는 상황이다. 한국은행에 따르면

2022년 국내 설비투자 예상 증가율은 2.2%로 2021년(8.3%) 대비 뚝 떨어질 것으로 전망됐다. 2023년은 1.7%로 1%대로 더 떨어진다. 설비투자는 2021년 3분기와 4분기 각각 -2.4%, -0.6% 하락하며 2분기 연속 마이너스를 기록했다. 반면 반도체 등 국내 주력 산업은 기업 지원이 쏟아지는 미국으로 대거 옮겨가고 있다. 기획재정부에 따르면 2021년 미국 투자 금액은 174억 2,100만 달러로 2020년(101억 8,800만 달러) 대비 두 배가량 늘었다.

재계 관계자는 "법이 신기술 개발 속도를 따라가지 못하고 있다"며 "지금은 신성장 R&D 세액공제를 받을 때 법에서 허용한 기술을 빼고는 모두 금지하는 '포지티브' 방식을 적용하고 있는데, 이를 법에서 금지한 것을 빼고는 모두 허용하는 '네거티브' 방식으로 바꿀 필요가 있다"고 지적했다.

민간 기업에 대한 규제와 노동생산성은 한국이 크게 낮았다. 한국은 민간 규제 정도를 지수화한 규제환경지수에서 2021년 기준 68.2로 OECD 38개국 중 최하위권(35위)이다. 미국(91점, 10위), 호주(92.3점, 8위), 네덜란드(88.9, 12위), 스웨덴(90.5, 11위) 등은 대부분 90점 안팎으로 한국과 상당한 격차를 보이고 있다. 반면 OECD가 산출한 시간당 노동생산성(GDP/총 근로시간)을 비교해보면 미국은 74.2달러(7위), 호주 53.6달러(18위), 네덜란드 67달러(11위), 스웨덴 70.6달러(8위)인 반면 한국은 41.8달러로 28위에 머물러 있다.

...

국민 행복 위한
부동산시장 해법

해결책은 공급 확대·규제 완화

윤석열 당선인은 2021년 8월 부동산 공약에 대한 운을 띄웠다. 공약의 핵심은 5년 내 전국 250만 호 이상 신규 주택을 공급하고 주택담보 대출 규제를 완화하며, 부동산 관련 세금 부담을 경감한다는 것이다. 공급은 늘리고 규제는 풀어 부동산 안정을 시장에 맡기겠다는 의미다. 공급 확대와 규제 완화는 그간 수많은 부동산 전문가들과 국민들이 요구한 부동산 정책의 요체이기도 했다.

윤 당선인은 당시 부동산 공약을 내놓으며 "징벌적 과세와 과도한 대출 규제, 시장을 무시한 주택임대차보호법 개정 등 문재인 정부의 부동산 정책은 집값 안정에 실패했을 뿐 아니라 많은 국민이 집을 사기도, 보유하기도, 팔기도, 전셋집을 얻기도 어렵게 만들었다"고 꼬집었다. 그러면서 "양질의 주택 공급 부족과 더 좋은 집에

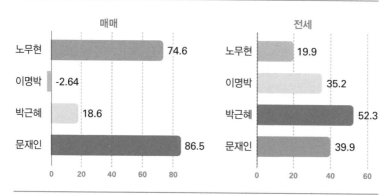

역대 정부 아파트 매매·전세가격 증감률　　　　　(단위: %)

매매		전세	
노무현	74.6	노무현	19.9
이명박	-2.64	이명박	35.2
박근혜	18.6	박근혜	52.3
문재인	86.5	문재인	39.9

*각 정부 출범 당시 대비 4년간 증감(문재인정부: 2017년 5월 대비 2021년 5월).
서울 3.3m²당 평균 아파트 매매가격 및 전세가격.　　　　　　　자료: 리얼투데이

서 안정적으로 살기 원하는 국민의 기대를 외면하고 투기 억제와
세제·규제 강화에 몰입한 정책으로 수급불균형이 심화하고, 집값
과 전월세 가격이 급등했다"고 지적했다.

　부동산 정책의 실패는 문재인 정부의 '아픈 손가락'이었다. 부동
산 조사기관 리얼투데이에 따르면 2017년 5월부터 2021년 5월까
지 4년간, 서울 아파트 3.3m²당 매매가격은 86.5%가 뛰었다. 보수
정권인 이명박 정부(2.64% 하락), 박근혜 정부(18.6%)를 가뿐히 제친
상승세이자, 이전 폭등기였던 노무현 정부(74.6%)마저 넘어섰다. 문
재인 전 정부의 부동산 정책 실패는 박 전 대통령 탄핵 이후 궤멸
위기에 몰렸던 국민의힘이 부활해 정권 교체까지 이룩하는 데 가
장 큰 원동력을 제공했다.

문재인 정부의 부동산 대책은 총부채상환비율$_{DTI}$과 담보인정비율$_{LTV}$을 낮춰 주택담보대출 문턱을 높이고, 취득세·양도소득세·종합부동산세 인상, 임대사업자와 재건축 규제 강화에 초점이 맞춰졌다. 그러나 공급은 태부족했다. 전 정부는 투기 수요 억제, 다주택자 보유 주택 매각 유도 정책으로 부동산 안정화를 꾀했지만 전세난과 부동산 패닉 바잉(공황구매) 광풍만 초래했을 뿐이다. 문 전 대통령은 2021년 2월 4일 2025년까지 서울과 대도시에 총 83만 6,000가구를 신규 주택으로 공급하는 2·4 대책을 통해 공급 주도 정책으로 뒤늦게 전환했다. 그러나 이 역시 민간이 아닌 공공 주도 재개발을 강조한데다 한국토지주택공사$_{LH}$ 임직원의 투기 사태와 경기 성남시 대장동 개발 사업 논란 속에 별다른 효과를 거두지 못한 상태다.

윤 당선인은 막혀 있던 주택 공급을 확 늘린다는 목표다. 분당, 일산, 중동, 평촌, 산본 등 1기 신도시 30만 호를 비롯해 1989년부터 1991년까지 214만 호를 전국에 공급한 노태우 전 대통령과 닮았다. 여기에 윤 당선인은 정부 출범 즉시 부동산 세제 정상화를 위한 태스크포스$_{TF}$를 구성, 종부세를 비롯한 부동산 세제를 정상화하고 주택 매매를 촉진한다는 청사진을 펼쳤다.

250만 호 신규 주택, 재건축·재개발 푼다

윤 당선인의 주택 정책 주요 축은 250만 호 신규 주택 공급이다. 윤 당선인은 "집권 시 정부는 수요에 부응하는 다양한 주택이 꾸준히 공급되고 거래될 수 있는 제도와 공정한 시장 질서를 확립하면서, 예산과 정책 역량은 주거약자들의 주거 안정 강화에 집중해 모든 국민이 더 나은 주거 수준을 누릴 수 있도록 하겠다"고 말한 바 있다. 즉, 시장 수요를 위한 주택 공급은 시장이 주도하되, 주거 취약계층은 정부가 공공주택을 공급하면서 250만 호를 채우겠다는 얘기다.

윤 당선인이 약속한 250만 호는 2022년~2026년에 걸쳐 공급된다. 이 중 수도권 물량이 130만~150만 호다. 수도권 내에서 서울 공급물량은 약 50만 호로 계획돼 있다.

택지 공급방식별로 250만 호를 뜯어보면 공공택지가 142만 호(수도권 74만 호)로 가장 많다. 윤석열 정부는 현재 전국에서 개발 중인 공공택지 외에 수도권광역급행철도GTX A·B·C·D 노선상 역세권에도 콤팩트시티 건설을 추진한다. 역세권 콤팩트시티는 노선 주변 일정 부지를 확보해 주로 2030 청년·신혼부부들이 선호하는 1만~2만 호 규모의 주택단지로 구성된다. 새 정부는 이런 콤팩트시티를 다수 조성해 총 25만 호를 공급한다는 목표다. 국민의힘은 "시장 안정을 위해 추가 공공택지의 단계적 개발도 고려한다"고 선언했다.

윤석열 당선인이 2021년 12월 13일 오후, 서울 강북구 미아동 미아 4-1 주택 재건축 정비구역을 찾아 오세훈 서울시장과 함께 현장을 둘러보고 있다.

47만 호(수도권 31만 호)는 재건축·재개발 활성화로 공급한다. 이를 위해 윤 정부는 재건축 정밀안전진단 문턱부터 완화한다. 재건축 연한인 준공 30년 이상 노후 공동주택은 정밀안전진단 면제를 추진한다. 정밀안전진단 적정성 검토 항목에서 건물 노후도를 따져보는 구조안전성 비중은 50%에서 30%로 낮출 방침이다. 반면 주차 공간, 배관 시설 상태 등 생활 인프라를 평가하는 주거환경 비중은 15%에서 30%로, 건축마감 및 설비노후도 비중은 25%에서 30%로 각각 상향시킬 계획이다. 여기에 재건축·재개발 사업의 신속 통합 인허가, 용적률 인센티브 등 제도개선을 통해 공급 물량을 기존 제도 대비 20~30% 확대한다는 계획이다.

윤석열 당선인 재건축 안전진단 완화방안

비중	구조안전성	건축마감 및 설비노후도	주거환경	비용 편익
현행	50%	25%	15%	10%
개선(안)	30%	30%	30%	10%

자료: 국민의힘

노후 아파트의 재건축 판정을 위한 안전진단은 예비 안전진단 (현지조사)과 1차 정밀안전진단, 2차 정밀안전진단(적정성 검토) 순으로 진행된다. 1차 정밀안전진단에서 불량(E) 등급을 받으면 재건축을 바로 진행할 수 있다. 그러나 미흡(D) 등급이 나오면 한국건설기술연구원이나 국토안전관리원의 2차 적정성 검토를 통과해야 한다.

앞서 전 정부는 2018년 3월 구조안전성 평가 비중을 종전 20%에서 50%로 끌어올렸다. 주거환경 항목은 종전 40%에서 15%로 대폭 낮췄다. 규제를 높이자 재건축 문턱을 통과한 주택단지가 확 줄었다. 서울시에 따르면 2018년 3월까지 3년간 총 56개 주택단지가 안전진단을 통과해 재건축 시행 승인을 얻었다. 그러나 2018년 3월 이후 2022년 초까지 적정성 검토를 신청한 27개 단지 중 통과한 곳은 4군데에 불과하다.

윤 당선인은 그간 전국 재건축 사업을 억눌러온 재건축 초과이익 환수제(재초환)도 완화하겠다고 약속했다. 재초환은 주택 재건축 조합원들이 재건축을 통해 얻은 집값 상승분 등 이익에 대해, 인근 집값의 상승분과 재건축 비용 등을 제외하고 가구당 평균 3,000만 원 넘게 남았을 경우 초과한 금액의 최대 50%를 환수 부담금으로 부과하는 제도다. 윤석열 정부는 부담금 부과 기준 금액은 상향 하고, 비용인정 항목은 확대하며 부담금 부과율은 낮추기로 했 다. 1주택 장기 보유자인 조합원에게는 부담금을 감면해주고 부담 금 납부 이연도 허용할 방침이다.

재초환은 2012~2017년 말까지 한시 중단됐던 걸 전 정부에서 되살린 것이다. 문재인 정부는 서울 강남 재건축 아파트가 주변과 나아가 수도권 집값 상승을 이끈다고 봤다. 하지만 이는 확인되지 않은 믿음이다. 서울대 환경대학원 도시계획학 연구팀(이동훈, 장석 길, 김태형)이 학술지 서울도시연구에 게재한 '재건축 초과이익의 적 정성 및 재건축초과이익 환수제도 개선방안 연구'를 보면 오히려 재건축 아파트가 비재건축 아파트보다 가격이 늦게 오른 사례가 많았다. 재건축 아파트와 비재건축 아파트 가격은 장기적 균형관 계에 있다. 연구팀은 "재건축 진행 아파트에서만 발생하는 초과적 가격상승분은 존재하지 않는다"고 결론 내렸다.

새 정부는 분양가·기부채납 규제도 풀어 재건축·재개발 사업성 을 높이기로 했다. 분양가 규제 완화는 토지비용, 건축비 산정 체계 를 현실화하고 이주비나 건물 명도 청구소송 비용 등 정비사업 특 성을 반영하기 위한 조치다. 지방자치단체나 국가가 무상으로 받 아가는 기부채납 비율을 낮추는 것 역시 주택정비 사업 활성화 정 책의 일환이다.

서울 송파구 롯데월드타워 서울스카이에서 바라본 서울 시내 일대 아파트 단지들.

주택정비 사업성이 낮은 지역은 공공 참여 재개발로 해법을 찾는다. 중앙정부는 기반 시설을 무상양도하고 사업비를 댄다. 지자체는 용도지역을 바꿔 사업성을 확보해준다. 재건축의 대안으로 떠오른 주택 리모델링에 대해서는 신속한 사업 진행을 위해 법률도 별도 제정한다. 현재 리모델링은 주택법에 근거해 시행되지만 새 정부는 '리모델링 추진법'을 만들어 안전성 평가 절차를 개선하고 수직·수평 증축 기준도 합리적으로 정비한다는 방침이다.

윤 당선인은 이 밖에 역세권 복합개발을 통한 주택 공급에도 속도를 낸다는 포부다. 우선 '도심 복합개발혁신지구' 제도를 도입해 도심지역과 역세권, 준공업 지역의 복합개발을 활성화한다. 이를 통해 주택 20만 호(수도권 13만 호)를 공급한다. 또 지하화(입체화)되는 철도의 지상 부지, 철도 차량기지, 미활용 국공유지를 복합개발해 18만 호(수도권 14만 호)를 짓는다.

도심의 노후 소규모 주택의 주거환경을 개선하는 소규모 주택 정비 사업(가로주택, 소규모 재건축, 자율주택) 역시 기반시설 지원, 용적률 인센티브, 인허가 간소화를 통해 촉진하기로 했다. 이 같은 소규모 정비사업 활성화로 10만 호(수도권 7만 호), 서울 상생주택, 매입약정 민간개발 등을 통한 주택 공급 13만 호(수도권 12만 호)를 더해 임기 내 250만 호 이상을 완성한다는 복안이다.

일산부터 평촌까지… 1기 신도시 '르네상스'

윤석열호(號)의 부동산 정책 타깃은 조성된 지 30년이 넘은 1기 신도시로도 향해 있다. 1기 신도시는 대한민국의 아파트 문화를 꽃피운 주역이다. 하지만 2022년 들어 재건축 연한이 도래하며 대규모 재건축과 리모델링 사이 갈림길에 서 있다. 이런 가운데 1기 신도시 평균 용적률은 169~226%로 재건축 사업성이 떨어진다는 게 일반론이다. 용적률은 건물 연면적을 전체 대지면적으로 나눈 비율이다. 이 비율이 낮을수록 아파트를 더 높이 쌓아올렸을 때 많은 신규 세대가 입주해 재건축 사업의 수익성이 올라간다. 1970~1980년대 지은 구축 아파트는 용적률 200%를 넘기면 사업성이 없다고 본다.

윤 당선인은 고민 많은 1기 신도시를 위해 1기 신도시 재정비 특별법을 제안했다. 이들 도시의 주거여건을 개선하고, 주택 공급량을 늘리는 일석이조를 챙기기 위해서다.

특별법의 주요 내용은 우선 신도시 토지용도 변경과 종 상향을 통해 용적률 상한선을 올려주는 게 첫 번째다. 신도시를 위한 맞춤형 안전진단·재초환 제도, 인허가 절차 완화 방안, 금융지원책도 담긴다. 여기에 공사 중 세입자 이주와 재정착 대책도 특별법에 포함될 예정이다. 장기적으로는 기존 1기 신도시 물량에 추가로 10만 호 정도를 지을 수 있다고 윤 당선인과 국민의힘은 기대한다. 10만 호면 신도시 2~3개 지구에 맞먹는 물량이다.

신도시 재건축의 가장 큰 문제는 대규모로 발생하는 이주민을 재정착시키는 방안이다. 국민의힘은 이번 대선 공약집에서 "지금까지 재건축·리모델링 사업은 집주인만 득을 보고 세입자는 혜택이 없었다"며 "재정비 과정에서 이사 수요가 한꺼번에 쏟아져 집값이 들썩이거나 주민이 불편을 겪지 않도록 1기 이주 전용단지를 만들어 순환 개발을 실시하겠다"고 약속한 바 있다.

이주 전용단지는 3기 신도시 개발예정지역을 포함한 중소 공공택지개발사업지구가 꼽힌다. 3기 신도시는 인천 계양 테크노밸리와 경기 남양주 왕숙지구, 하남 교산지구, 고양 창릉지구, 부천 대장지구, 광명·시흥 지구 등이다. 국민의힘의 구상을 보면 우선 3기 신도시 청약 대기자와 입주 희망자들이 불의의 피해를 입지 않도록 1기 신도시 지역민의 이주 전용단지는 후순위 부지와 임대주택 부지, 미분양 토지, 중소규모 공공택지를 활용한다. 이주 전용단지로서 역할을 마치면 88서울올림픽 아파트처럼 공공 임대주택과 분양주택으로 활용할 예정이다.

윤 당선인은 이주 취약계층을 위한 배려책도 예고해뒀다. 이주 자금이 부족한 고령 가구는 재정비 기간 중 이주할 주택을 제공한다. 재정비로 이주해야 하는 세입자들은 신도시 일반 분양분의 우선 청약권을 받거나 임대주택에 입주할 기회를 부여받는다.

종부세·재산세 합치고 취득세 인하

새 정부 부동산 정책의 또 다른 축은 세제 완화다. 사실 완화보다는 정상화에 가깝다. 윤 당선인은 대선 과정에서 "문재인 정부의 최대 실정, 난폭한 부동산 정책으로 얼마나 많은 국민이 고통을 당했나"라며 "국민의 주거 생활 안정을 위해서 문재인 정부의 비정상적 부동산 세제부터 정상화하겠다"고 강한 의지를 드러낸 바 있다.

문재인 정부는 2017년 8·2 대책에서 분양권 전매 시 양도소득세율을 50%로 10%포인트 올렸다. 이듬해 9·13 대책은 기존 0.5~2.0%였던 종부세율을 0.6~3.2%로 올리고 전년도 세금의 일정 수준을 넘지 않도록 한 세 부담 상한선도 150%에서 300%로 올렸다. 부동산 임대사업자에 대한 양도세는 중과하고 8년 장기 임대 등록한 주택에 주던 종부세 비과세 혜택도 없앴다.

이어 나온 2020년 7·10 대책은 다주택자의 종부세율을 1.2~6.0%까지 높였다. 2주택 이상 보유자의 취득세율은 기존 1~4%였던 것을 8~12%까지 끌어올렸고, 양도세 역시 2년 미만 보유자의 세율을 60~70%로, 다주택자 양도세율을 최대 75%까지 높였다. 2020년 11월 3일에는 부동산 공시가격 현실화 방안을 내놓고, 각종 부동산 세금 산정의 기초가 되는 주택 공시가격 현실화율을 시세 대비 평균 69.0%(2020년 기준)에서 2030년 90.0%로 올린다고 발표했다.

이 같은 세 폭탄은 집값 안정화가 아니라 패닉 바잉 수요를 유발해 정반대 결과를 낳았다. 2021년 부동산 시세가 폭등하며 주택 공시가격은 한 해 19%나 뛰었다. 2007년 이후 가장 높은 상승률이었다. 부동산 부자들만 냈다던 종부세는 102만 6,600명에게 고지되며 중산층과 일부 서민까지 납세 대상에 포함됐다. 양도세는 36조 7,000억 원이 걷혔는데 이는 정부 당초 전망(16조 8,000억 원) 대비 20조 원이나 더 들어온 수준이다.

이런 상황에서 대권을 쥔 윤 당선인은 정부 출범 직후 부동산 세제 TF부터 가동하기로 했다. 부동산 세제 정상화를 위한 첫걸음이다. 문재인 정부의 패착은 세제를 통해 부동산 투기 세력을 잡겠다는 데서 비롯됐다. 누더기가 된 세제를 다시 고치고 시장의 원활한 부동산 거래를 유도해 가격을 안정화한다는 큰 그림이다.

윤석열 당선인의 부동산稅·규제 완화 정책

구분	내용
세금	– 종부세, 재산세로 장기적 통합 – 최대 300%인 종부세 부담 상한율 인하 – 일정소득 이하 장기 1주택자 종부세 이연납부 – 종부세 차등과세 기준 주택 보유수 → 가액 전환 – 2022년 주택 공시가격 2020년 수준 환원 – 1주택자 취득 세율 단일화, 단순누진제 → 초과누진제 개선 – 생애 첫 주택구입자 취득세 면제 또는 1% – 조정지역 2주택 이상 보유자 취득세 누진세율 완화 – 다주택자 양도세 중과세 적용 2년간 배제, 매각 유도 – 부동산 세제 정상화 TF 정부 출범 즉시 가동
임대	– 임대차3법 전면 개정 추진, 임대기간 2+2년 → 2년
대출	– 생애 첫 주택구입자 LTV 80%로 상향 – 신혼부부 4년간 3억 원 한도 저리 금융지원(출산시 5년)

세제 정상화의 윤곽은 이미 대선 때 제시됐다. 윤석열 정부는 종부세와 재산세를 재산세로 통합한다는 방침이다. 종부세는 이중과세와 위헌이라는 비판이 많다. 손꼽히는 국내 부동산 전문가인 권대중 명지대 부동산학과 교수 등 전문가들은 앞서 "종부세를 재산세에 통합하고 재산세 누진제를 강화하는 게 맞다"고 조언하기도 했다.

당장 2022년 공시가격을 2020년 수준으로 되돌리는 것도 윤 당선인의 목표다. 공시가격 환원이 불가능하면 관련 시행령을 고쳐서 공정시장가액비율이라도 인하한다는 계획이다. 공정시장가액비율은 재산세와 종부세를 산출하기 위해 과세표준을 정할 때 공시가격에서 일정 수준을 할인해 곱하는 기준 비율이다. 전 정부는 종부세 강화를 위해 공정시장가액비율을 매년 5%포인트씩 높이도록 했으며 2022년 종부세에 적용되는 공정시장가액비율은 100%다. 2022년 공시가격 10억 원인 주택의 종부세 과세표준은 그대로 10억 원이 된다는 뜻이다.

윤 당선인은 아예 공시가격 현실화 로드맵을 재수립할 계획이다. 각 지자체에는 공시가격 검증센터를 설치해 중앙정부 공시가격과 상호검증한다. 산정 근거와 절차도 투명하게 공개할 방침이다.

윤석열 정부는 부동산 세제 정상화를 위한 종합 개편 방안을 마련하면서 그 이전에도 다양한 세 부담 완화 조치를 추진한다. 우선 공정시장가액비율은 95%로 동결하고 종부세 세 부담 상한율도 낮춘다. 1주택자에 대한 종부세율은 문재인 정부 이전으로 되돌린다. 소득이 일정 수준 이하면서 1주택을 장기 보유한 사람은 연령에 관계없이 종부세를 주택 매각·상속시점까지 이연 납부하는 것도 허용해주기로 했다. 다주택자 차등과세 기준도 보유주택 호수에서 가액으로 전환한다.

꽁꽁 잠긴 주택 매물을 시장에 내놓기 위해 다주택자 양도세 중과세율 적용도 최대 2년간 배제한다. 현재 1~3%인 1주택자 취득세율은 단일화하거나 세율 적용 구간을 단순화한다. 또 취득세의 단순 누진세율을 초과누진세율로 전환해 세 부담을 경감해준다. 생애최초주택 구매자는 취득세를 면제해주거나 1% 단일세율을 적용한다. 조정지역 2주택 이상 보유자에 대한 취득세 누진 과세도 완화한다.

고강도 주택규제 걷어내기… LTV 80% 상향

윤 당선인은 세제 정상화로 부동산 거래를 풀어주면서 가격 안정화를 유도해 준다는 청사진을 내놨다. 이와 함께 전 정부가 고강도로 얽어맨 주택 매매·임대 관련 규제도 과감히 풀기로 했다. 대출 문턱은 낮추고 임대 사업도 다시 원위치한다는 복안이다.

윤 당선인은 2022년 신년에 "LTV를 높여서 대출 규제를 강하게 하지 않더라도 금융기관 자산 건전성에 큰 문제가 없으리라고 본다"고 했다. 새 정부는 이와 관련해 생애 최초 주택 구매 가구의 LTV 상한을 80%로 올려줘 청년과 신혼부부의 내 집 마련 기회를 넓혀준다.

또 생애 최초 주택 구매가 아니더라도 지역과 상관없이 LTV 상한을 70%로 단일화해 실수요자 주택 구매 수요를 충족시켜준다는 방침이다. 2022년 기준 LTV는 시가 9억 원 이하 주택에 대해 40%, 9억 원 초과분에 대해 20%가 적용되며 15억 원 초과 아파트는 아예 주택담보대출이 금지돼 있다. 전 정부는 LTV를 지속적으로 줄여나가다가 여론의 반발이 커지자 무주택자에 한해 최대 70%까지 LTV를 올려줬다. LTV는 금융기관에서 동산이나 부동산에 대해 담보로 인정하는 가치 비율이다.

신혼부부와 생애 최초 주택 구매자는 이 밖에도 다양한 금융지원을 제공한다는 계획이다. 신혼부부는 4억 원 한도로 3년간 저리 금융지원 프로그램 혜택을 받을 수 있게 하며, 출산하면 5년으로 기간을 연장해줄 계획이다. 신혼부부가 아닌 생애 최초 주택 구매자도 3억 원 한도에서 3년간 저리 금융 지원을 추진한다. 전세 대출 지원도 확대한다. 신혼부부 전·월세 임차보증금 대출은 보증금의 80% 범위에서 수도권 3억 원, 기타 지역 2억 원까지 상향 조정하며 최장 10년 이용이 가능한 저리 자금을 지원한다. 중위소득 120% 이하 청년층은 임차보증금을 최대 2억 원까지 역시 10년간 저리에 이용할 수 있게 할 방침이다. 국민의힘은 "청년, 신혼부부가 부모의 도움 없이 저축만으로 내 집 마련하는 것이 불가능한 상황"이라며 "주택대출규제 완화와 다양한 주택금융 제도로 주거사다리를 복원할 것"이라고 선언했다.

윤 당선인은 말 많고 탈 많았던 소위 '임대차 3법'도 전면 재검토하겠다고 선언했다. 임대차 3법은 계약갱신청구권제·전월세상한제·전월세신고제 도입을 골자로 하는 개정 주택임대차보호법 및 부동산거래신고법을 뜻한다. 전·월세 세입자를 보호한다는 명분으로 2020년 7월 법을 고쳤지만 오히려 전·월세난을 가중시킨 주범이 됐다. 기존 2년이었던 임대차 기간을 2+2년으로 연장하고 (계약갱신청구), 이 권한을 통한 재계약은 임대료 상승폭을 직전 대비 5%로 제한한 게 골자다.

새 정부는 임대차 3법을 개정·보완해 임대차 시장의 왜곡을 바로 잡는다는 목표다. 등록임대사업자 지원제도도 재정비해 매입임대용 소형 아파트(전용)의 신규 등록을 허용하고 종부세 합산과세 배제, 양도세 중과세 배제 등 혜택을 준다.

또 윤 당선인은 공공택지에서 민간에 배정된 택지 물량 일부는 민간임대주택으로 배정해 10년 이상 장기 임대주택은 양도세 장기보유 공제율을 현행 70%에서 80%로 늘려주는 등 장기 민간 임대주택도 활성화할 계획이다. 대신 임차료 인상률은 법이 정하는 인상률 상한 이하로 막고, 취약계층의 임대료는 시장가격보다 저렴하게 책정하도록 지원하는 등 임차인을 위한 지원책도 확대한다. 이 밖에 새 정부는 비거주 외국인의 주택거래에는 허가제를 도입해 외국인 주택투기를 방지한다는 계획이다.

청년과 신혼부부 대상 주거복지 확대

지난 5년간 폭발적인 부동산 가격 상승은 취업과 결혼을 준비하는 청년과 가정을 막 꾸린 신혼부부에게 심각한 타격을 입혔다. 젊은 청년과 신혼부부들이 둥지를 마련하지 못하며 세계에서 유례없는 저출생 고령화를 더욱 악화시키는 형편이다. 윤 당선인과 새로 출범할 정부는 이들을 위한 주거 청사진도 준비 중이다.

윤 당선인이 2026년까지 신규 공급을 약속한 250만 호 중 50만 호는 바로 청년과 신혼부부를 위한 주택이다. 윤 당선인은 "무주택 청년 가구에 건설원가로 주택을 제공하는 맞춤형 분양주택 '청년 원가주택'을 공급하겠다"고 약속했다. 청년원가주택은 공공택지와 도심 역세권 고밀복합개발 주택단지에 고르게 공급된다. 매년 6만 호씩 5년간 30만 호(수도권 20만 호)를 공급한다는 계획이다.

청년원가주택은 시중가격보다 낮은 건설원가로 분양가 20%만 내면 나머지 80%는 저리 대출해 원리금을 장기 상환하는 방식으로 입주한다. 5년 이상 거주한 뒤 매각을 원하면 국가에 하되, 매각 차익의 70%까지 입주자에게 보전해준다. 2차 입주자 역시 국가가 1차 입주자로부터 환매한 낮은 가격에 입주가 가능하다.

윤 당선인은 "GTX와 연계돼 서울을 포함한 대도시권에 30~40분 만에 도착할 수 있는 지역에 택지를 조성해 추가로 청년원가주택을 만들겠다"고 했다. 현재소득보다 미래소득이 더 많은 2030 청년 세대주가 수혜 대상이지만, 장기 무주택자에 다자녀를 뒀으면서 재산이 일정 규모 이하인 40~50대 가구주도 입주 혜택을 받을 수 있다.

젊은 2030대 무주택자를 위한 또 다른 주거 복지는 역세권 첫 집 주택이다. 역세권 첫 집 주택은 정부가 역세권 민간 재건축단지의 용적률을 상향시켜 준 뒤 공공 분양주택을 확보해 공급한다. 윤 당선인은 역세권 민간 재건축단지의 용적률을 기존 300%에서 500%로 상향 조정하되, 증가한 용적률의 50%를 공공 기부 채납해 첫 집 주택으로 활용한다는 방침이다. 공급 규모는 임기 5년 동안 총 20만 호(수도권 14만 호)다.

윤 당선인은 여기에 청년 세대를 위한 청약 제도 개선안도 내놨다. 기존 부양자와 무주택 기간에 따라 가점을 주는 청약 제도는 자녀 등 부양가족이 넘치는 무주택 가구주들에게 절대 유리하다. 전 정부는 2017년 8·2 대책을 통해 수도권 공공택지와 투기과열지구 일반 공급물량의 가점제 비율을 75%에서 100%로 확대해 아예 청년 세대의 청약 기회를 원천 봉쇄한 실정이다.

윤 당선인의 개선안은 기존 청약 제도에 1~2인 가구에 적합한 소형주택(전용 면적 60㎡ 이하) 기준을 신설했다. 이 소형주택은 가점제 40%, 추첨제 60%로 운영해 청년들이 추첨을 통해 내 집 마련의 꿈을 이루고 자산 축적 기회를 잡을 수 있도록 했다. 이와 별개로 윤 당선인은 장기간 청약 기회를 기다려온 4인 이상 무주택 가구를 위해 전용 85㎡ 이상 주택은 기존 가점제 50%, 추첨제 50% 구성에서 가점제 비율을 80%로 높일 계획이다. 군 제대 장병에게도 특별히 청약가점 5점을 부여한다.

GTX 노선 3개 추가, 수도권 단일 메가시티로

공급과 세제 완화에 더한 윤석열 정부 부동산·주거 정책의 마지막 축은 교통망, 그중에서도 철도다. 국민의힘에 따르면 현재 수도권 외곽에서 출퇴근에 걸리는 시간은 평균 1시간 36분이다. 새 정부는 GTX를 교통망 활성화 핵심 열쇠로 본다. 윤 당선인은 대선 당시 "수도권 전 지역에서 서울 도심까지 30분 내 출퇴근이 가능하게 하겠다"며 GTX의 대폭 확대를 약속했다.

GTX는 김문수 전 경기도지사가 싹을 틔웠다. 2022년 현재 경기 파주 운정~화성 동탄을 잇는 GTX-A(72.1km), 인천 송도~경기 남양주 마석을 달리는 GTX-B(82.7km), 경기 덕정~수원 간 노선인 GTX-C(74.8km), 경기 김포 장기~부천종합운동장을 오가는 GTX-D(서부권광역급행철도, 21.1km) 사업이 추진되고 있다. 윤 당선인은 우선 1기 GTX인 A·B·C 노선을 경기 평택시까지 연장할 방침이다. C노선은 동두천으로도 늘린다. 경기 남부에 비해 낙후한 경기 북부를 개발하고 평택의 대규모 산업단지와 연결성을 강화하기 위해서다. GTX-D노선은 부천에서 다시 서울 신림, 강남, 삼성, 잠실을 거쳐 하남, 남양주까지 잇고, 부천에서 한 번 분기시켜 인천국제공항으로 향하게 할 계획이다. 또 삼성역에서 다시 한 번 분기해 서울 수서, 경기 성남, 광주, 이천, 여주까지 연결시키겠다고 윤 당선인은 약속했다.

여기에 윤석열 정부는 GTX-E·F 노선 2개를 추가한다는 목표다. GTX-E는 수도권 북부에서 동쪽과 서쪽을 연결한다. 인천~김포공항~정릉~구리~남양주를 연결하는 노선이다. GTX-E는 일부 구간을 신설하며 나머지 구간은 공항철도와 경의중앙선을 활용한다. 현재까지 수도권 북부를 동서로 잇는 철도망은 없었다는 점에서 E 노선은 북부 지역 개발에 탄력을 더할 수 있다.

GTX-F 노선은 순환선이다. 수도권 거점 지역을 하나로 연결해

메가시티화하는 철도망이다. 경기 고양을 출발해 안산과 수원, 용인, 성남, 하남, 의정부를 지나 다시 고양으로 돌아온다. 국민의힘은 GTX-F에 대해 성남~고양 구간만 신설하고 나머지는 서해선과 수인분당선을 활용하겠다고 설명했다.

기존 GTX 노선이 연장되고 2개 노선이 신설되면 수도권 주거 밀집지역에서 서울 도심까지 30분 내 접근이 가능해질 것으로 기대된다. 서울과 수도권을 미국 뉴욕, 일본 도쿄, 영국 런던 같은 세계적 메트로폴리스보다 훨씬 빠른 광역 교통망으로 묶어 단일 메가시티로 탈바꿈시키는 것이 바로 윤 당선인의 포부다. 윤 당선인은 동남권 중심 지역인 부산·울산·경남에도 GTX(부산 부전~마산)를 신설하겠다는 구상도 내놨다.

도심단절 철도, 만성 정체도로 지하화

윤 당선인의 교통 방점은 지하화에도 찍혀 있다. 지상에 배치돼 도심을 단절하고 소음을 비롯한 각종 불편을 안기는 철도·고속도로를 지하화하겠다는 것이다. 지하에는 교통 네트워크를 짓고, 지상 부지는 주거·상업·문화·녹지 공간으로 바꾸겠다고 윤 당선인은 밝혔다.

윤 당선인과 국민의힘은 서울과 수도권에서는 경부선(서울역~군포 당정), 경원선(청량리~도봉산), 경인선(구로~인천) 도시철도를 단계적으로 지하화할 계획이다. 고속도로는 한남IC~양재IC 구간을 단계적으로 지하화한다. 서울 구로와 창동, 서울역 북부 등 10개 철도차량기지는 지하화·데크화(인공터널)하고 지상에 복합 공간을 조성한다.

지하화 공법은 지상 교통 차단 없이 진행할 수 있도록 초대형 쉴드 대형 천공기Tunnel Boring Machine·TBM를 사용한다. 서울 도심 철도 지하화에 필요한 사업비는 총 23조 8,550억 원으로 추산되며, 지상권 개발 이익으로 18조 1,400억 원을 대고, 부족한 재원 5조 7,000억 원은 정부의 직접 비용으로 충당한다는 방침이다. 고속도로 지하화 예상 사업비 3조 3,000억 원 역시 도로 지하화로 생기는 지상 복합시설 개발 수익으로 충당할 계획이다. 한남IC~양재IC가 지하로 돌려지면, 여의도공원 면적의 약 3배인 60만㎡를 확보할 수 있다.

부산도 도심 혼잡도를 높이는 철도 지하화에 나선다. 부산 경부선 철도는 화명역~구포덕천통합역~가야차량기지에 이르는 10.7km 구간을 지하화한다. 가야철도기지창은 스마트도시로 바꾸고 범전철도차량기지를 이전한다. 경부선 냉정~범일 구간을 옮기는 이설도 추진한다.

이 밖에 윤 당선인은 교통 사각지대에 지하철과 친환경 첨단 교통수단을 선사한다고 약속했다. 서울의 경우, 판교와 강남을 연결하는 신분당선은 당초 신사역~용산역 연장이 확정돼 있으나 다시 용산역에서 서울역과 은평뉴타운을 거쳐 삼송역까지 연결하는 방안을 추진한다. 서울 서북부와 경기 고양 지역의 교통난 해소에 크게 기여할 것으로 기대된다. 주요 환승 거점에 도심항공모빌리티 UAM 네트워크와 복합 환승체계 설치를 위한 로드맵도 임기 중 마련한다. 새 정부는 인천공항과 여의도, 강남 등지에서 UAM 실증노선 상용화를 위한 테스트베드도 구축하기로 했다.

부산은 황령산 제3터널과 반송 터널을 뚫는다. 또 도시철도 중구순환선 영도트램 사업도 추진한다. 윤 당선인은 전국의 교통소외지역 제로(0)를 위해 어느 지역에서든 생활용품 판매시설, 병원, 행정관청에 30분 내 도착할 수 있는 최소 생활서비스도 제공할 방침이다. 이를 위해 공영버스, 무료 순환셔틀버스, 마을 택시 등이 도입된다.

부동산세제 재정비,
주택공급은 차근차근

윤석열 정부의 부동산 정책은 250만 호 신규 공급과 부동산 세제·규제 완화 두 축으로 이뤄져 있다. 하지만 주택공급과 GTX 노선 확대 등은 현실화까지 많은 시간과 비용이 든다. 현실화를 장담하기도 어렵다. 윤 당선인은 "GTX 노선 추가 비용은 17조 6,400억 원이 들 것"이라며 "이 중 3조~4조 원만 국비로 지급하고 나머지는 민자 역사와 역세권 복합 개발 수익으로 충당하겠다"고 했다. 그러나 GTX 노선은 구성부터 사업 타당성을 인정받아 확정짓고 실제 공사에 이르기까지 최소 10여 년이 걸릴 것으로 예상된다. 더군다나 수도권 북부 등 수익성이 떨어지는 지역은 민자 유치가 어려워 정부 재원이 더 투입되어야 할 수 있다.

주택 공급 청사진도 실현이 쉽지 않긴 마찬가지다. 문재인 정부가 출범했던 2017년 이후 준공 기준 연평균 주택공급량은 54만 6,000호 정도. 5년간 250만 호 신규 공급은 빠듯할 수 있다. 또 윤 당선인이 내세운 공공택지 개발은 해당 지역 주민들의 반발을 불러 사업 진행이 지지부진한 사례가 많다. 전 정부가 공공택지 개발 지역으로 점찍은 서울 노원구 태릉골프장(CC) 부지도 교통난과 녹지 훼손을 내세운 지역민과 서울시 반대로 제대로 속도를 내지 못하는 형편이다.

전문가들은 세제와 대출규제부터 우선 풀 것을 주문하고 있다. 실현 가능한 정책부터 차근차근 밟아나가자는 얘기다. 종부세·취득세·양도세 완화, 공시가격 환원, LTV 비율 상향이 대표적이다. 법률과 시행령 등 법령을 바꾸면 바로 실천할 수 있고 국민 체감도도 높다.

양도세의 경우 더 과감한 완화가 필요하다는 목소리가 나온다. 윤 당선인이 약속한 한시적 완화책은 효과가 크지 않다는 분석이다. 서진형 대한부동산학회 회장(경인여대 경영학과 교수)은 "다주택자 양도세 중과는 한시 배제로는 매물 유도 효과가 크지 않다"며 "전면적인 개편이 더 실효성 있다"고 말했다.

물론 난관은 있다. 2024년 5월 끝나는 제21대 국회는 야당이 된 더불어민주당이 172석으로 전체 295석 중 58.31%를 점유하고 있다. 입법 과정에서 만만찮은 싸움이 예고된 셈이다. 다행히 더불어민주당 역시 대선을 거치며 부동산 세제 완화에 공감대를 형성한 바 있다. 새로 출범할 윤석열 정부와 국민의힘으로선 거대 야당과의 협치를 통한 부동산 공약 이행이 무엇보다 중요한 과제다.

...

저출생 늪
탈출하기

더 이상 물러설 수 없는 저출생·고령화

윤석열 당선인은 저출생 고령화를 핵심적인 문제의식으로 두고 '사각지대 없는 촘촘한 지원'을 하겠다고 약속했다. 윤 당선인은 정치의 최종 목표는 모든 국민을 행복하게 하는 데 있다고 했다. 아이와 부모, 은퇴한 노인 한 사람 한 사람이 국가가 제공하는 복지 서비스를 누리도록 하겠다는 약속이었다.

'윤석열 복지'의 기본 방향은 '역동적 복지'다. 현금을 나눠주는 방식의 복지 정책도 펼치겠지만, 그때그때 달라지는 어려운 문제에 지원을 집중시키는 복지를 더욱 지향한다는 의미다. 코로나19 여파로 어려움을 겪고 있는 이들을 도와주는 정책도 포함된다. 이와 함께 윤 당선인은 사회서비스 복지의 일환으로 일자리도 만들어나간다는 계획을 세웠다. 성장과 복지가 '투 트랙'으로 이뤄지는 선순환 구조를 굳히겠다는 것이다.

보편적 복지와 선별적 복지의 성격을 동시에 가진 '맞춤형 복지'를 지향한다는 점도 윤 당선인 복지 공약의 특징이다. 취약계층을 대상으로 즉각적인 효과가 드러나는 현금 지원 정책을 펴는 동시에 국민 전체에 사회서비스를 제공하는 방식이다.

고령화가 익숙해지면서 복지 정책은 모든 국가의 핵심 과제로 자리 잡았다. 한국의 고령화 속도는 특히 빠르다. 한국은 65세 이상 노인의 비율이 7%가 넘는 '고령화사회'에 2000년 진입했다. 2017년에는 65세 이상 인구 비율이 14%가 넘는 '고령사회'에 접어들었다. 65세 이상 고령인구가 2배로 늘어나는 데 17년밖에 걸리지 않은 것이다. 이미 초고령사회에 진입한 일본과 이탈리아, 독일 등과 비교해도 고령화가 이보다 빠른 국가는 없다.

65세 이상 인구가 20% 이상인 '초고령사회'로의 진입은 불과 3년 뒤인 2025년으로 점쳐진다. 통계청이 작년 12월 발표한 인구추계에 따르면 한국의 작년 고령인구 비율은 16.6%에 달했다. 2025년 20.6%를, 2030년에는 25.5%를 각각 기록할 것으로 전망됐다.

초고령사회로 진입과 함께 닥친 초저출산 문제도 있다. 1990년대 전반기 1.7명을 웃돌던 연간 합계출산율은 하락을 거듭하다가 2018년 0.98명으로 1명 선을 뚫고 내려갔다. 이후 2019년 0.92명, 2020년 0.84명, 2021년에는 0.81명으로 지속적인 감소세를 보였다. 한국은 경제협력개발기구$_{OECD}$ 38개 회원국 중 유일하게 합계출산율이 1명을 밑도는 국가다. 영국 옥스퍼드대 인구문제연구소는 지

한국의 65세 이상 인구 비율

(단위: %)

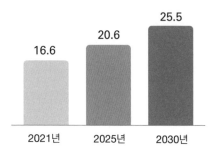

*2025·2030년은 전망치.

자료: 통계청

한국의 합계출산율

(단위: 명)

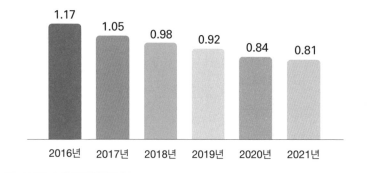

*합계출산율=15~49세 여성 1명이 평생 낳을 것으로 예상되는 출생아 수의 평균.

자료: 통계청

금과 같은 감소세가 지속되면 한국의 인구는 2750년 완전히 소멸할 수 있다고 내다봤다.

한국의 초저출산·초고령화는 복지 분야에 중대한 과제를 던졌다. 문재인 정부 때까지 유지해온 인구 증가 시대의 정책을 더 이상 유지해선 안 된다는 절박함을 느끼게 한 것이다. 이에 따라 정치권과 시민사회 단체에서는 현 상황에 맞는 방향으로 연금 제도와 건강보험 관련 제도, 사회보장 체계를 개편해야 한다는 목소리가 나오고 있다. 복지 재정지출이 늘어나는 데 따른 재원 조달 방안을 서둘러 마련해야 한다는 지적도 꾸준히 제기된다.

기초연금 올리고 연금제 수술

윤 당선인은 노후 대비에 대한 국민들의 걱정을 없애는 데 주력할 방침이다. 은퇴 이후 안정적인 생활을 영위할 수 있도록 하는 일에 지원을 아끼지 않겠다는 뜻이다. 먼저 윤 당선인은 기초연금의 현실화를 공약으로 제시했다. 현재 기초연금은 만 65세 이상 국민 중 소득 하위 70%에게 한 달에 30만 원씩 지급된다.

윤 당선인은 기초연금액을 월 40만 원으로 올리겠다고 약속했다. 다만 부부가 받을 때 20%를 감액하는 규정은 유지할 예정이다. 부부가 지급받더라도 기초연금 액수 자체가 오르는 만큼 부부가 받는 돈을 합친 액수는 월 48만 원에서 월 64만 원으로 16만 원 늘어난다. 윤 당선인 측은 기초연금이 공약대로 인상되면 노인 빈곤율은 4.9% 포인트 낮아질 것이라고 보고 있다. 이 공약을 이행하는 데는 연 8조 8,000억 원이 들 것으로 추산됐다.

고령화가 심각한 현실에 대응할 근본적인 공약으로는 연금 제

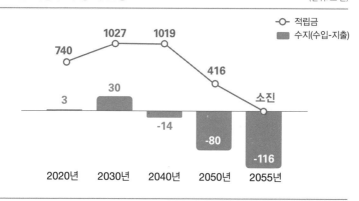

국민연금 재정수지 장기 전망 (단위: 조 원)

○ 적립금
■ 수지(수입-지출)

740
1027
1019
416
소진

3
30
-14
-80
-116

2020년　2030년　2040년　2050년　2055년

자료: 국제예산정책처

도 개혁이 제시됐다. 연금 재정의 악화를 늦추거나 막자는 취지다. 현행 제도를 유지한다면 국민연금이 쌓아둔 기금은 30여 년 뒤면 바닥을 보인다. 국회예산정책처에 따르면 2020년 740조 원이었던 국민연금 기금은 2030년 약 1,027조 원으로 늘어나 정점을 찍는다. 하지만 이후 계속 줄어 2055년이면 소진될 것으로 보인다. 기금의 수입에서 지출을 뺀 값인 재정수지 역시 점점 떨어져 2039년부터 는 마이너스 수치를 기록할 것으로 예상된다.

　윤 당선인은 당선인 직속 공적연금개혁위원회를 설치해 제도 개혁을 맡기겠다고 약속했다. 초당적 기구를 통해 재정 악화를 막 을 실효성 있는 개혁안을 마련하겠다는 의도다. 윤 당선인은 대선 기간 화두로 떠올랐던 국민연금·특수직역연금의 통합 문제도 공 적연금개혁위에서 다뤄질 것이라고 했다. 그는 "문재인 정부처럼 국민연금 급여를 더 준다는 공약을 내세워 지키지 못하는 행동은 하지 않을 것"이라며 "공무원연금과 일반 연금의 병합 문제를 위원회를 통해 논의할 것"이라고 말했다.

연금 제도에 변화가 필요하다는 데는 이번 대선의 모든 후보들이 뜻을 같이했다. 나날이 추락하는 연금 곳간을 지켜만 볼 수는 없다고 판단한 것이다. 높은 노인 빈곤율을 감안하더라도 연금 제도 수술이 시급하다는 공감대에서 비롯된 합의였다. 실제로 한국의 노인 빈곤율은 세계 최고 수준이다. 한국경제연구원이 OECD와 통계청 자료를 분석한 결과 2020년 한국의 노인 빈곤율은 40.4%로 집계됐다. OECD 회원국 37개국 중 1위였다. G5 평균인 14.4%의 약 3배에 달하는 비율이다.

하지만 국민연금과 기초연금은 노인들의 소득을 제대로 보장해주지 못하고 있다. 2018년 기준으로 한국의 노후 생활 소득원 중 국민연금·기초연금 등 공적 이전소득 비중은 25.9%였다. 미국·영국·프랑스·독일·일본 등 주요 5개국G5 평균(56.1%)의 절반에도 못 미친다. 윤 당선인이 연금 제도 개혁에 칼을 빼들 수밖에 없었던 이유다.

이 외에도 윤 당선인은 노인을 위한 다양한 공약을 냈다. 요양병원 입원 환자의 간병비 부담을 줄여주기 위해 요양병원 간병비를 급여화하겠다는 약속이 대표적이다. 요양·간병 등 가족돌봄을 위한 휴가나 휴직 기간을 늘리고, 간호·간병 통합서비스를 확대하겠다는 다짐도 했다. 국가가 노인성 장기질환에 대한 맞춤형 돌봄 계획을 마련하겠다는 공약, 요양·간병 관련 전문 인력을 양성해 사회서비스 일자리를 창출하겠다는 공약도 제시됐다.

아울러 윤 당선인은 노인장기요양보험제도를 개선하겠다고 밝혔다. 치매 환자에 대한 평가 기준 개선이 이 공약의 골자다. 국민건강보험공단 연구 결과 치매 환자들은 동일한 장기요양등급 내에서도 인지기능 등의 상태가 개인마다 다른 것으로 파악됐다. 이전 정부는 제3차 치매관리종합계획(2016~2020년)을 수립하고 치매 국가책임제를 실시하는 등 치매에 대응했다. 이제는 과거보다 구체적인 대응책이 필요하다는 게 윤 당선인의 생각이다.

출산 시 첫돌까지 연간 100만 원 지급

윤 당선인은 저출생 극복에도 칼을 빼들었다. 대표적인 저출생 공약은 '부모급여' 도입이다. 아이가 태어나면 첫돌까지 연간 매달 100만 원을 준다는 내용이다. 대상은 전 국민이다. 또 소득 기준과 무관하게 아이를 낳은 모든 가정에 바우처를 제공하겠다고 했다.

윤 당선인은 만 0~2세 영아에 대한 가정 양육수당을 월 30만 원으로 올리겠다고도 약속했다. 양육수당은 어린이집이나 유치원을 다니지 않는 아동에게 지급하는 복지 수당이다. 현재는 만 1세 미만 아동에는 월 20만 원, 만 2세 미만인 아동에 대해서는 월 15만 원이 지원되고 있다.

이에 더해 윤 당선인은 만 0~5세 아동을 대상으로 전면 무상 교육을 실시하겠다고 밝혔다. 무상교육은 국·공립 어린이집 수준에서 먼저 이뤄지고, 이후 공립 유치원 수준에서 시행할 계획이다. 그는 "만 0~5세 보육·유아교육 국가책임제를 통해 영유아 단계의 출발선에서 공정한 기회를 보장하겠다"고 말했다.

또 만 0~2세 영아에 대해서는 어린이집에 보육교사를 추가로 배치할 방침이다. 어린이집 교사가 담당하는 아동 수를 줄여 보육의 질을 높이겠다는 의도다. 구체적으로 교사 대 아동 비율을 만 0세는 1:2, 만 1세는 1:4, 만 2세는 1:6으로 줄일 계획이다. 만 3~5세 유아의 교육과 관련해서는 유보통합추진단을 꾸릴 예정이다. 어린이집과 유치원으로 이원화된 현 체계를 단계적으로 통합하겠다는 것이다. 윤 당선인은 "어린이집과 유치원의 시설 기준, 교사 자격, 교사 대 아동 비율을 표준화해 수준 높은 보육·유아교육 서비스를 제공할 예정"이라고 설명했다.

여성의 출산을 돕는 방안도 제시됐다. 윤 당선인은 성인 여성의 자궁·유방 검진에 건강보험이 적용되도록 하겠다고 공언했다. 여성들이 비용 부담 없이 정기적으로 검진을 받도록 해 출산율을 끌어올리는 게 이 공약의 목적이다. 산모와 신생아의 건강관리를 위해 각 가정에 건강관리사를 보내겠다는 공약도 냈다. 윤 당선인은 모든 난임 부부에게 치료비를 지원할 방침이다. 난임 부부 시술비 지원 사업의 소득 기준을 없애고, 신선배아·동결배아·인공수정 횟수를 20회로 완화할 예정이다. 본인 부담 연령차별을 폐지하고 남성 난임 검사비도 무료로 해주기로 했다. 난임 휴가도 기존 3일에서 7일로 늘리겠다고 했다.

'일하는 부모'에 대한 지원도 강화한다. 윤 당선인은 부모가 각각 1년 6개월씩 총 3년의 육아휴직을 쓸 수 있게 제도적으로 뒷받침하겠다고 했다. 일하는 부모가 일정 기간 육아 재택근무를 하면 이를 허용한 기업에 인센티브를 부여하는 '육아 재택' 제도도 약속했다. 모든 초등학교에 '학교돌봄터'를 설치해 일하는 부모가 안심하고 학교에 아이를 맡길 수 있게 하겠다고도 했다.

다문화가족 자녀를 위한 맞춤형 지원 체계도 강화된다. 다문화가구원은 2020년 기준 100만 명을 넘어섰다. 이에 따라 다문화가족의 자녀 양육 부담 완화 등에 대한 요구가 터져 나오고 있다. 윤 당선인은 다문화가족 영·유아와 아동에게 이중언어 교육 환경과 돌봄 서비스를 제공하겠다고 했다. 외국에 체류 중인 조부모의 입국이 원활하게 이뤄지도록 출입국 비자 발급 체계를 보완하겠다는 공약도 제시했다. 이뿐 아니라 윤 당선인은 다문화가족 자녀가 학교폭력을 겪을 시 사건이 공정하게 처리될 수 있게 통역사와 변호인 등의 참여를 지원할 예정이다.

기초생활보장제도 대수술

윤 당선인은 복지 제도의 기본이 되는 기초생활 보장 제도도 적극적으로 손질할 방침이다. 근로 능력이 없는 기초생활 수급자에게 매월 주어지는 생계급여를 확대한다는 게 대표 공약이다. 2022년 하반기부터 생계급여 지급 기준을 중위소득 30%에서 35%로 올릴 계획이다. 윤 당선인 측에 따르면 이 같은 생계급여 확대를 통해 21만 명이 추가로 혜택을 볼 수 있게 된다. 이뿐 아니라 장애인과 노인, 아동 등 근로 능력이 없는 가족이 있는 경우에는 개인별로 월 10만 원을 추가 지급하기로 했다.

일을 하더라도 생활이 어려운 '워킹 푸어' 계층을 위한 공약도 있다. 근로장려세제EITC를 받을 수 있는 범위를 확대한다는 내용이다. 윤 당선인에 따르면 2021년 기준 단독가구는 연 총소득이 2,000만 원일 경우 150만 원의 근로장려세제 지원을 받을 수 있는데, 개편안이 적용되면 총소득 2,400만 원 이하 계층까지 최대 165만 원을 받을 수 있다. 홑벌이 가구는 총소득 기준이 3,000만 원에서 3,600만 원으로, 맞벌이 가구는 3,600만 원에서 4,320만 원으로 올라간다. 최대 지급액은 홑벌이 기준으로 20% 상향돼 312만 원까지, 맞벌이는 10% 올라 330만 원까지 늘어난다. 지원 가구도 113만 가구가 증가한다. 윤 당선인은 "열심히 일하는 분들이 빈곤에 빠지지 않게 하겠다"면서 "EITC의 소득·재산 요건을 완화하고 급여율을 개선하겠다"고 했다.

또 윤 당선인은 갑작스러운 위기 상황으로 생계가 곤란해진 경우 생계비를 일시적으로 지원해주는 긴급복지 지원 제도를 '국민 안심 지원 제도'로 개편하기로 했다. 선정의 기준이 되는 '위기 사유'의 범위를 넓히는 게 골자다. 현재 위기 사유로 분류되는 상황은 가구주의 사망, 가출, 구금시설 수용 등으로 소득을 상실한 경우, 위중한 질병이나 부상을 당한 경우, 가구 구성원으로부터 학대를 당한 경우 등 7가지다. 지원 액수를 현행 중위소득 약 26%에서 40% 수준으로 높이고, 지원 기간을 현행 1개월에서 3개월로 연장한다는 구상도 포함됐다.

청년대출 확대, 무주택 청년 LTV 80%로

"살기 팍팍하다"고 말하는 청년들이 많다. 취업난과 치솟는 집값, 고공 행진하는 물가에 결혼과 출산, 내 집 마련을 포기한 2030세대를 찾는 일은 더 이상 어렵지 않게 됐다. 통계청의 '2020 인구주택총조사' 표본 집계 결과를 보면 30대의 미혼 비중은 42.5%로 5년 전에 비해 6.2%나 올랐다. 2020년 기준 20대 1인 가구(134만 3,000가구)가 5년 전(87만 8,000가구)에 비해 52.9%나 늘어난 것도 청년층에게 녹록지 않은 시대상을 보여준다.

윤 당선인은 어려워진 경제 상황에 무기력해진 청년에게 힘을 실어주겠다고 했다. 구체적으로 청년들이 집을 살 수 있도록 대출을 확대해주기로 했다. 신혼부부와 청년 무주택자를 대상으로 주택담보대출비율LTV을 80%로 올려주겠다는 공약이다.

LTV는 은행이 대출을 해줄 때 적용하는 자산 가치 비율을 뜻한다. LTV가 높을수록 대출받을 수 있는 금액도 커진다. 현재는 서울과 수도권 대부분은 LTV를 40~50%까지만 적용받을 수 있다. 윤 당선인은 "첫 주택 장만이나 청년주택은 대출 규제를 대폭 풀어 LTV를 80%까지 풀어도 문제가 없다고 생각한다"고 말했다.

청년원가주택 30만 호를 공급하겠다는 약속도 했다. 분양가의 80%는 장기 원리금 상환을 통해 매입하고, 역세권 첫 집 주택 20만 호도 분양한다는 구상이다. 군 제대 장병에 청약가점 5점을 부여한다는 공약도 있다. 군과 관련해서는 병사 월급 200만 원을 보장해준다는 공약을 내놓기도 했다.

이에 더해 윤 당선인은 사회 진출 자금이 부족한 취약청년에게 월 50만 원의 '청년 도약 지원금'을 주겠다고 했다. 기간은 최대 8개월로 설정했다. '금수저'를 부러워하고 '흙수저'는 절망하는 분위기를 없애고 청년들이 모두 같은 출발선에 설 수 있도록 하겠다는 것이다.

보육원이나 공동 생활 가정에서 지내다가 만 18세가 돼 시설을 떠나야 하는 '보호종료아동'을 위한 대책도 마련했다. 시설 퇴소 직후 머물 수 있는 맞춤형 주거 안전망을 구축하고, 취업 전문 상담을 지원해주는 등 사회적 지지 체계를 만들어준다는 내용이다.

장애인을 위한 복지 정책도 빼놓을 수 없다. 통계청이 발표한

'2020년 장애인의 삶' 통계에 따르면 2018년 기준 한국의 장애인 인구는 전체의 약 5%다. 국민 100명 중 5명이 장애인인 셈이다. 결코 적지 않은 비율이다.

윤 당선인은 장애인이 좀 더 편하게 이동할 수 있도록 할 계획이다. 시내버스에만 도입된 저상버스를 시외·고속·광역버스로 확대 운영하겠다고 약속했다. 중증 장애인 150명당 1대인 장애인 콜택시도 100명당 1대로 확대하기로 했다. 장애인 콜택시가 늘어나면 이용객이 택시를 기다리는 시간이 확연히 줄어든다.

또 코로나19 등 비상 상황을 고려해 장애인 대상의 재난안전 정보 제공을 의무화하기로 했다. 지금까지는 코로나19와 관련해 장애 유형에 맞는 지원 방안이 없었다. 윤 당선인은 코로나19나 백신 접종에 관한 점자 자료나 수어 통역 자료 등의 다양한 전달 의무를 법에 명시하겠다고 약속했다. 소방 교육 시에 장애인 재난안전 교육 과정을 포함하도록 하는 내용도 법제화할 계획이다.

장애인에 대한 직업 훈련도 강화하겠다고 했다. 장애인이 4차 산업 인재로 거듭날 수 있도록 빅데이터와 인공지능, 사물인터넷 IoT 등과 관련된 직업 훈련 기회를 늘리겠다는 것이다. 전국에 두 곳뿐인 장애인 디지털 훈련센터를 전국으로 확대하겠다는 것이 윤 당선인의 계획이다.

2018년 기준으로 장애인 100명당 일자리는 30.6개에 그쳤다. 비장애인 일자리(47.7개)의 60% 수준이다. 장애인이 주어진 예산 안에서 원하는 복지 서비스를 선택할 수 있도록 하는 '개인예산제' 도입

2022년 1월 19일, 용인시 삼성화재 안내견학교를 찾은 윤석열 당선인이 시각장애인 안내견 체험을 하고 있다.

도 윤 당선인의 공약이다. 이미 미국과 영국, 독일에서는 이와 비슷한 제도가 운용되고 있다. 윤 당선인은 장애인이 개인예산을 활동 지원 서비스나 보조기기 구입, 교통비 등에 바우처 방식으로 쓸 수 있게 할 예정이다.

장애 예술인들을 위한 공약도 제시했다. 장애 예술인들이 예술 활동을 공정하게 인정받을 수 있도록 한다는 취지다. 장애인 전용 창작 공간을 만들고, 공연 작품 전시 기회를 대폭 늘릴 방침이다.

발달장애 영유아 재활치료에 대한 건강보험 지원도 확대된다. 윤 당선인은 "진단과 치료, 교육서비스를 원스톱으로 받을 수 있도록 국가가 지원을 강화하겠다"고 말했다. 후보 시절 장애인 공약을 발표할 당시 윤 당선인은 "장애는 더 이상 불가능과 불평등의 이유가 돼서는 안 된다"며 "장애인 여러분이 우리 사회의 당당한 일원으로 마땅히 누려야 할 권리를 보장받을 수 있도록 더욱 노력하겠다"고 밝혔다.

100세 시대, 국민 건강은 국가가 지킨다

100세 시대에 맞는 건강보장 시스템을 갖추는 것은 윤 당선인의 관심사다. 먼저 공공정책 수가를 신설하겠다는 공약이 있다. 민간병원의 음압 병실과 중환자실, 응급실을 설치하고 운영하는 데 드는 비용을 공공정책 수가로 지급한다는 내용이다. 코로나19와 같은 비상 상황에 대한 안전망을 마련하는 차원이다. 이와 관련해 국민의힘 관계자는 "공공정책 수가를 통해 중환자실, 음압 병실, 응급실에 대해 국가가 직접 지원할 것"이라며 "국가 지원 비율을 50%로 한다는 구상"이라고 설명했다.

윤 당선인은 당뇨병 환자를 위해 연속혈당측정기의 건강보험 적용을 확대하겠다고 약속했다. 현재 연속혈당측정기 건보 적용은 1형만을 대상으로 하고 있다. 윤 당선인은 지원 범위를 임신성 당뇨나 성인 당뇨병 환자인 2형까지 넓힐 방침이다. 보다 많은 당뇨병 환자들의 혈당 관리 비용 부담을 덜어주겠다는 것이다.

의료 지원 여건이 열악한 격오지 장병이 갑작스러운 건강 이상을 겪을 때를 대비한 '이동형 원격진료'를 확대한다는 공약도 냈다. 군에서 응급환자가 발생하면 즉각 조치할 수 있도록 한다는 취지다. 윤 당선인은 파병부대 장병들의 건강권 보장에 대한 국가의 책임을 넓히겠다고도 했다.

반려동물을 기르는 가구가 늘면서 윤 당선인도 관련 공약을 마련했다. 반려동물이 가족처럼 인식되면서 동물복지에 대한 관심이 커지고 있지만, 관련 정책이 이를 뒷받침하지 못하고 있다는 판단에서다.

윤 당선인은 주요 반려동물의 다빈도·고부담 질환에 대한 진료 항목을 표준화하기로 했다. 아울러 진료비 사전공시제를 정착시키고 표준수가제를 도입하겠다고 했다. 이에 더해 반려동물의 스트레스 해소를 위한 쉼터를 확대할 방침이다. 윤 당선인은 불법적 '강아지 공장'을 없애고 개 식용 금지를 추진하겠다는 공약도 내놨다.

윤 당선인은 복지, 즉 사회서비스 분야 일자리 관리에도 관심을 가졌다. 양질의 사회서비스 일자리를 만들어야 복지의 질이 전반적으로 개선된다는 인식에서다. 성장과 복지라는 두 마리 토끼를 잡겠다는 생각이다.

그는 복지를 늘리면 사회적 기업이 늘어나고, 여기서 일자리가 생기는 선순환이 일어난다고 봤다. 국민의힘 관계자는 "사회서비스를 확대하면 사회적 기업이 많이 창출되고, 이를 통해 많은 일자리가 창출된다"며 "이 자체가 하나의 성장"이라고 설명했다. 사회복지사의 처우도 개선된다. 사회복지 종사자에 대해 단일임금체계 도입을 통해서다. 현재 사회복지시설 종사자들은 사업 유형별, 지역별, 소관 부처별로 다른 임금을 받는다. 이에 따라 다수가 보건복지부의 '사회복지시설 종사자 인건비 가이드라인'을 충족하지 못하고 있다. 앞으로 윤 당선인은 사회복지사들이 동일한 업무에 대해 같은 처우를 받을 수 있도록 할 방침이다.

모호한 연금개혁은 곤란…
불가피한 대수술

윤석열 당선인은 국민연금 제도를 개혁하겠다는 의지는 드러냈지만 구체적인 방안은 아직 밝히지 않았다. 윤 당선인은 후보 시절 대선 후보 2차 TV 토론에서 안철수 당시 국민의당 대선 후보의 "보험료율을 올리는 것에 동의하나"라는 질문에 "불가피할 것"이라고 답했다. 안 후보의 질문에 간단한 답변만 했을 뿐, 모수개혁에 대한 명확한 입장은 말하지 않았다. 구조개혁에 대한 생각도 공식적으로는 밝힌 적이 없다.

공약집에 '세대공평한 연금 부담과 국민연금 수급-부담 구조 균형화', '총체적 다층 연금개혁'이 연금개혁 방향으로 담겨 있기는 하다. 하지만 두 가지가 병행이 가능한지, 아니면 둘 중 하나를 선택할 것인지에 대한 설명은 없다. 둘을 모두 이뤄낼 생각이라면 순서는 어떻게 정할 것인지도 적시돼 있지 않다.

공적연금개혁위원회를 당선인 직속으로 설치하겠다는 공약은 연금 제도 개혁에 있어서는 미완의 공약이나 다름없다. 전문성과 독립성을 갖춘 위원회가 개혁안을 내도록 하겠다는 구상 자체는 바람직하다. 하지만 국민연금 기금이 바닥을 드러내기 시작한 상황에서 국민을 안심시킬 만한 대책을 제시하지 못한다면 위원회 설치는 책임 떠넘기기라는 비판을 피하기 어려울 것으로 보인다.

집권 초기인 만큼 연금 제도 개혁의 방향성을 구체적으로 제시해야 한다는 목소리가 강하다. 이미 정치권과 학계에서는 연금 구조의 틀은 그대로 두고 보험료율과 소득대체율을 조정하는 '모수개혁', 국민연금·기초연금·퇴직연금의 구조를 종합적으로 개편하는 '구조개혁' 등이 거론되고 있다.

모수개혁을 택한다면 '보험료는 더 내고 연금은 덜 받는' 구조를 생각해볼 수 있다. 2022년 기준 국민연금의 균형보험료율(납부한 보험료 총액과 받을 연금 총액이 같아지는 데 필요한 보험료율)은 일반적으로 25~27% 정도로 추산된다. 하지만 실제 보험료율은 제도 시행 첫해였던 1988년 3%에서 1998년 9%까지 올라가는 데 그쳤다. 이후 20년이 넘도록 같은 수준을 유지 중이다. 이에 대해 보험료율을 12% 이상으로 올리는 동시에 연금 수급 개시 연령(62세)은 높여야 한다는 의견이 존재한다.

모수개혁 방식을 고려하고 있다면 보험료율을 얼마나 높여야 할지도 따져봐야 한다. 현재 적립돼 있는 기금이 소진되면, 연금 지급에 필요한 2060년경의 부과방식 보험료율은 33.2%에 이를 것으로 전망된다. 이는 현재 국민연금법이 정하고 있는 보험료율의 3배를 뛰어넘는 수준이다. 이 시나리오대로 된다고 가정했을 때 국민적 반발이 얼마나 클지도 그려볼 필요가 있다.

구조개혁을 선택한다면 연금 제도를 전반적으로 손질할 장기 계획을 세워야 한다. 국민연금과 기초연금, 퇴직연금 등 모든 연금 제도를 낱낱이 해체한 후 새로운 시스템을 바닥부터 설계해야 하기 때문이다.

구조개혁은 시간이 오래 걸리는 탓에 단기적으로는 모수개혁, 장기적으로는 구조개혁을 해내야 한다는 주장도 나온다. 오건호 내가만드는복지국가 공동운영위원장은 "단기적으로 보험료를 인상하되 동시에 국민연금과 퇴직연금 등을 확대해 다층적 연금 구조를 통한 노후 보장 체계를 완성해야 할 것"이라고 말했다.

일각에서 제기되는 국민연금·특수직역연금 통합 문제도 고민해볼 지점이다. 특수직역연금의 하나인 공무원연금의 적립기금은 이미 고갈됐다. 공무원연금의 재정수지 적자와 이에 따른 국고보조는 여러 차례 개혁을 거치며 줄었지만 여전히 존재한다. 향후 전망도 밝지 않다. 이는 과거 저부담·고급여 구조의 제도를 장기 운영한 탓이다. 공무원연금 충당부채는 2020년 말 기준 829조 8,000억 원에 달했다. 혹시 국민연금과 특수직역연금을 통합할 생각이 있다면, 복잡한 과정과 사회적 잡음을 어떻게 해결할지 숙고해야 한다.

윤 당선인은 후보 시절 "문재인 정부는 재정적 지속가능성 문제는 방치하고 어떤 개혁도 추진하지 않았다"며 "노후소득을 안정화하면서 재정적 지속가능성을 높이는 과제는 현재 국민연금 틀 안에서의 미세조정만으로는 풀기 어려워졌다"고 지적했다. 문제 제기는 좋았다. 전반적인 구상도 분명 가지고 있을 것이다. 이제는 그 구상을 세상에 알리고 적극적으로 추진할 때다.

...

실현 가능한
탄소중립

현실적인 2050 탄소중립 방안

윤석열 대통령 당선인은 문재인 정부가 세운 목표인 2030년 국가 온실가스 감축목표NDC·Nationally Determined Contribution와 2050 탄소중립 목표 자체를 유지할 방침이다. 윤 당선인이 2030 NDC와 2050 탄소중립 목표를 비판하면서도 목표 자체를 유지하고 수단을 바꾸겠다는 입장을 보이는 이유로는 국제사회에서 정해둔 '진전의 원칙Principle of Progression'이 꼽힌다. 이는 국제사회에 어떤 감축 목표를 한 번 공표하면 이를 다시 낮출 수 없다는 원칙으로, 탄소중립이나 기후변화협약에 참여한 국가들의 적극적인 정책 이행을 강조하기 위한 원칙이다.

즉, 윤석열 정권이 들어선다고 해도 문재인 정권에서 국제사회에 공표한 '2030년까지 2018년 대비 온실가스 40% 감축', '2050년까지 탄소중립 달성'이라는 목표들 자체를 물리거나 약하게 바꿀수 없다는 의미다.

홍종호 서울대 환경대학원 교수는 "트럼프 전 미국 대통령이 파리협약을 탈퇴한 사례가 있지만, 한국은 미국과 달리 그런 돌발행동을 벌이기 쉽지 않은 상황"이라고 설명했다. 각국이 탄소중립 레이스를 펼치는 상황에 한국이 속도를 늦추는 것은 오히려 각국의 탄소국경조정제도, 신재생에너지 100% 활용_{RE100} 등 정책으로 인해 오히려 국내 기업의 무역 피해만 키울 수 있는 것도 한 이유다.

2030년까지 목표도 달성이 쉽지 않다. 당시 2030 온실가스 국가감축목표와 2050 탄소중립 시나리오를 만든 두 주축인 한정애 환경부 장관과 윤순진 탄소중립위원회 민간위원장은 입을 모아 "도전적 목표"라고 말했다. 추진이 불가피하지만 달성이 쉽지 않음을 인정한 것이다.

큰 틀에서 탄소중립은 △발전(전환) △산업 △건물 △수송 △농축수산 △폐기물 △수소 △탈루 등 기타 부문으로 나눠 추진된다. 이중 국내에서 가장 많은 배출량이 발생하는 분야는 발전 부문으로, 2018년 2억 6,960만tCO$_2$eq의 온실가스가 발생했다. 그다음이 산업부문으로 2억 6,050만tCO$_2$eq의 온실가스가 발생했다.

발전과 산업 부문에서 배출량이 많은 만큼 이 두 분야에서 많은 양의 온실가스를 감축한다는 것이 문재인 정부의 '2050 탄소중립 시나리오'에 담긴 계획이다. '2050 탄소중립 시나리오'에는 발전부문 온실가스 배출을 0~2,070만tCO$_2$eq까지 줄인다는 계획을 담았다. 92.3~100% 감축하겠다는 계획이다. 산업 부문은 산업 경쟁력 유지를 위해 5,110만tCO₂eq까지 줄여 80.4% 감축을 목표로 잡았다.

문재인 정부의 이 같은 계획에 윤석열 당선인이 가장 크게 반발한 분야는 발전(전환) 부문이다. 윤 당선인은 문재인 정부의 탈원전 정책에 크게 반발해왔다. 국제적으로 탄소 배출이 가장 적은 발전원으로 공인받은 원전의 추가 이용 및 확대를 배제한 채 세워진 탄소중립 시나리오의 설득력이 없다는 것이다.

윤 당선인은 원자력 발전이 전력을 안정적으로 공급하는 가운데 국내 환경에 적합한 신재생에너지의 보급 확대가 필요하다고 주장했다. 이 과정에서 전력요금이 오를 수 있는 만큼 에너지빈곤층에 가구당 매년 2,500킬로와트시(kWh)의 필수전력을 무상지원하겠다는 계획도 담았다.

용어설명 ‖ 탄소중립이란

'탄소중립'은 인간이 발생시키는 이산화탄소 등 온실가스로 인해 지구의 온도가 더 올라가지 않도록, 탄소의 순배출량을 0(중립)으로 만든다는 개념이다. 다른 종류의 온실가스들은 이산화탄소를 기준으로 환산한 '이산화탄소 환산톤t CO₂eq·Carbon dioxide equivalent'을 단위로 사용한다.

국내 온실가스 배출량이 정점에 이른 2018년을 기준으로 보면, 온실가스 중 이산화탄소CO₂가 91.4%로 가장 많은 비중을 차지했으며 메탄CH₄ 3.8%, 아산화질소 N₂O 2.0%, 수소불화탄소HFCs 1.3%, 육불화황SF6 1.2%, 과불화탄소PFCs 0.4% 등이 뒤를 이었다.

탄소중립을 달성하기 위해서는 발전소, 공장, 차량 등에서 발생하는 온실가스를 줄여야 한다. 이를 위해 발전 분야에서는 태양광·풍력 같은 신재생에너지나 원자력 발전의 중요성이 강조되고 있다.

산업 분야에서는 탄소 포집 저장 및 활용 기술CCUS·Carbon Capture, Utilization and Storage 및 수소 활용이 기대된다. 산업 공정에서 온실가스가 발생하더라도 이를 다시 포집해 대기 중으로 유출되지 않게 조치하면 탄소중립 활동으로 인정받을 수 있다. 추가로 철강 등 온실가스 다배출 업종에서는 석탄을 활용한 기존 제철방식 대신 수소를 활용해 온실가스를 배출하지 않고 철강을 생산하는 방식 등이 미래 기술로 거론되고 있다.

재설계해야 할 원전정책

윤석열 당선인은 대통령 후보 시절부터 원자력 발전의 중요성을 강조해왔다. 전 세계적인 온실가스 감축 노력이 거센 가운데 우리나라도 2030년 국가 온실가스 감축목표NDC 달성을 위한 저탄소 에너지 확대 차원에서 신재생에너지뿐만 아니라 기저전원으로 원자력의 지속적인 이용이 필요하다는 입장이었다.

사회관계망서비스SNS인 페이스북 본인 계정에 "탈원전 백지화 원전 최강국 건설"이라는 두 줄짜리 공약을 올리기도 했다.

윤 당선인은 출마 선언문에서부터 탈원전 관련 의견을 밝혔으며, 이후 처음 만난 전문가도 국내 최고 원전 전문가로 꼽히는 주한규 서울대 공과대학 원자핵공학과 교수였다.

2021년 6월 29일 대통령 선거 출마 선언문에서 윤 당선인은 "(탈원전 정책이) 법을 무시하고 세계 일류 기술을 사장시켰다"라고 밝힌 바 있다. 이 선언문에서 자신의 검찰총장 사퇴 배경에 대해서도 "월성 1호기 원전 경제성 평가 조작 의혹 관련 사건 처리와 직접적인 관련이 있다"고 말하기도 했다.

이후 2021년 7월 5일 오후에는 문재인 정부의 탈원전 정책을 비판해온 주한규 교수를 만났다. 이 자리에서 주한규 교수는 원전이 정치 논쟁에 휘말린 상황을 비판하는 한편, 국내 원전 이용 제고와 원전 산업 활성화에 관한 의견을 나눈 것으로 알려졌다.

이 같은 행보는 국민의힘이 발표한 윤 당선인의 공식 공약집에까지 이어졌다. 공약집에는 탈원전으로 훼손된 원전 공급망 및 산업 기반, 가동 원전의 안전 및 수출경쟁력에 위협이 된 상황 극복 등 내용이 담겼다.

이를 위해 윤 당선인은 4가지 목표를 제안했다. 우선 문재인 정부의 탈원전 정책을 완전 폐기하겠다고 밝혔다. 합리적인 근거 없이 정치적으로 추진된 탈원전을 폐기하고, 이와 동시에 건설이 중단된 신한울 3호기와 4호기의 건설을 재개하겠다는 계획을 내놨다. 이미 건설이 합리적이라는 평가를 받았던 신한울 3호기, 4호기 건설을 재개함으로써 '탈원전 폐기' 선언을 한다는 전략이다.

이를 통해 노리는 효과는 국내 원전 산업 생태계 활성화와 세계 최고 수준의 원전 기술력 복원이다. 문재인 정부는 국내 신한울 3호기와 4호기 건설을 중단시켰지만 원전 수출은 계속 진흥한다는 모순된 정책 방향을 제안했다. 이를 두고 업계와 학계에서는 국내에

설계수명 만료 다가오는 원전 현황

이름	용량	상업운전 개시	설계수명 만료	설계수명
고리2	650MW	1983년 7월	2023년 4월	40년
고리3	950MW	1985년 9월	2024년 9월	40년
고리4	950MW	1986년 4월	2025년 8월	40년
한빛1	950MW	1986년 8월	2025년 12월	40년
한빛2	950MW	1987년 6월	2026년 9월	40년
월성2	700MW	1997년 7월	2026년 11월	30년
한울1	950MW	1988년 9월	2027년 12월	40년
월성3	700MW	1998년 7월	2027년 12월	30년
한울2	950MW	1989년 9월	2028년 12월	40년
월성4	700MW	1999년 10월	2029년 2월	30년

자료: 한국수력원자력

서도 쓰지 않는 원전을 해외에 파는 것이 무리라는 지적이 잇따랐다. 그 결과 문재인 정부에서는 단 한 건의 원전 수주도 성공하지 못했다. 주요국의 원전 건설 수요 시기가 국내 수출 계획과 맞아떨어지지 못한 영향도 있지만 근본적인 문제는 국내 원전 산업의 경쟁력이 훼손되고 산업 진흥정책이 이어지지 못한 영향이라는 것이 업계·학계의 주된 의견이다.

두 번째 목표로 제안한 것은, 안전성 평가를 토대로 2030년 이전에 최초 운영허가가 만료되는 원전의 운전 기간을 늘린다는 계획이다.

이 계획에 따르면 총 10기의 원전에 대해 안전성 평가가 다시 이뤄질 전망이다. 우선 고리 2호기, 3호기, 4호기의 설계수명 만료가 다가온다. 이들은 수명 만료일이 각각 2023년 4월 8일, 2024년 9월 28일, 2025년 8월 6일까지다. 가장 먼저 설계수명이 만료되는 고리 2호기에 대한 평가가 어떻게 이뤄지는가에 따라 이후 다른 원전에 대한 수명 연장 여부도 판가름 날 가능성이 높다.

고리 2 · 3 · 4호기 이후에는 한빛 1호기(25년 12월 22일), 한빛 2호기(26년 9월 11일), 월성 2호기(26년 11월 1일), 한울 1호기(27년 12월 22일), 월성 3호기(27년 12월 29일), 한울 2호기(28년 12월 28일), 월성 4호기(29년 2월 7일) 등의 수명 만료가 예정돼 있다.

현 제도대로면 발전사업자인 한국수력원자력이 설계수명이 만료되기 2~5년 전 정부에 재가동 보고서를 제출하고, 방사선 환경영향평가를 비롯한 심사요건을 만족하면 최대 10년까지 수명을 연장할 수 있다.

윤 당선인은 제도가 허락하는 범위 내에서 안전성을 철저히 평가해 수명 연장을 추진한다는 입장이다. 적어도 이전 문재인 정권에서처럼 정책 기조가 탈원전으로 정해져 있어 재가동 보고서를 제출하지 못하고 망설이는 상황은 없게 한다는 것이 윤 당선인의 계획이다.

다만 고리 2호기의 수명 연장에 관해서는 갑론을박이 벌어질 전망이다. 법적으로 고리 2호기의 수명 연장 신청은 수명 만료 2년 전인 2021년 4월 8일까지 이뤄져야 했다. 윤 당선인은 선거 운동이 한창이던 2022년 2월 24일 "고리 2호기 수명 연장에 나설 것"이라고 밝힌 바 있다.

국민의힘과 윤 당선인 측은 문재인 정부의 탈원전 정책 기조 때문에 한수원이 수명 연장을 신청하지 못한 만큼 이후에라도 수명 연장 검토에 들어가야 한다는 입장이다. 다만 이를 위해서는 현재 원자력안전위원회가 정한 기준을 바꿔야 하거나 예외로 적용해야 하기 때문에 추가적인 법적 검토가 필요하리라는 의견이 나오는 상황이다.

윤 당선인이 세 번째로 제안한 계획은 원자력 발전 비중을 합리적으로 유지하고, 원자력을 신재생에너지와 함께 탄소중립의 주요 동력으로 활용한다는 내용이다.

문재인 정부는 2021년 발표한 '2050 탄소중립 시나리오'에서 2050년까지 원자력 발전의 비중을 6.1~7.2%까지 낮춘다는 계획을 담았다. 2020년 연간 발전량의 29%를 원전이 차지한 것을 고려하면 원전의 발전량 비중을 4분의 1가량으로 낮춘다는 계획이다.

윤석열 당선인은 문재인 정부가 원전의 수명 연장 없이, 신한울 3호기와 4호기는 당초 진행되던 건설마저 중단시킨 것을 전제로 탄소중립 시나리오를 수립한 만큼 이를 수정해야 한다는 입장이다.

이와 함께 내놓은 네 번째 제안은 과학기술과 데이터를 바탕으로 국민의견을 수렴해 2030년까지 탄소감축을 어떻게 달성할지 적절한 '에너지 믹스'를 도출한다는 내용이다.

정치적 논리에 발전 정책이 흔들린 만큼 원전의 발전량 비중을 높이는 한편, 원전을 활용해 '그린 수소'등 신재생에너지의 간헐성을 보완할 정책을 제안한다는 계획이다.

미래 동력원으로 주목받는 수소는 생산 방식에 따라 그레이·블루·그린수소 등으로 구분된다. 그레이수소는 천연가스 등 화석연료를 고온·고압 수증기와 반응시킨 개질수소와 석유화학 공정의 부산물로 발생하는 부생수소를 지칭한다. 화석연료를 기반으로 생산되기 때문에 생산 과정에서 온실가스 발생을 피하기 어려워 상대적으로 오염도가 높다는 의미에서 '그레이'라는 명칭이 붙었다.

블루수소는 그레이수소와 비슷한 생산 과정을 거치지만 상대적으로 깨끗한 수소라는 평가를 받고 있다. 블루수소는 그레이수소를 만드는 과정에서 발생하는 이산화탄소를 포집·저장해 탄소 배출을 줄인 수소를 지칭한다. 기존 그레이수소보다는 지구온난화 영향이 적지만, 여전히 화석연료에 기반한 생산방식을 사용하기 때문에 완전히 깨끗한 방식의 그린수소보다는 덜 친환경적이라는 한계가 있다.

그린수소는 태양광·풍력 등 신재생에너지로 발전한 전기로 물을 전기분해해 생산한 수소를 지칭한다. 태양광이나 풍력 발전은 다른 발전 방식에 비해 환경 오염이 월등히 적기 때문에 가장 자연 친화적이라는 의미에서 '그린'이 붙었다. 다만 그린수소를 생산하기 위해서는 태양광이나 풍력으로 생산한 전기를 사용해야 하는데, 태양광이나 풍력으로 생산한 전기는 다른 발전 방식에 비해 발전 단가가 높기 때문에 가장 비싼 생산비용이 든다는 한계가 있다.

윤석열 당선인이 제안하는 원전 기반 수소경제는 원전에서 만든 저렴한 전기로 수소를 생산한다는 계획으로 연결될 가능성이 높다. 특히 수소는 신재생에너지의 '간헐성'으로 생기는 문제 해결에도 도움을 줄 거라는 기대를 받고 있다. '간헐성'은 전기 발전량이 오락가락한다는 의미다. 태양광 발전은 일조량이 많은 낮 시간에 발전량이 집중되고, 풍력발전은 바람 방향이 일정하고 일정 세기 이상 바람이 불어야 충분한 전기를 생산할 수 있는 한계가 있다. 가령 날이 흐리거나, 바람이 불지 않는 날씨가 장기간 지속되면 전기 공급의 안정성 자체가 위협받을 수 있다는 의미다.

가정이나 산업계에서 전기 수요가 낮은 시간에는 원전에서 생산한 남는 전기로 수소를 생산하면 연료탱크 안에 수소를 저장할 수 있다. 저장한 수소를 나중에 전기가 부족할 때 산소와 반응시켜 전기를 생산하면 신재생에너지의 간헐성을 보완할 수 있다는 기대를 받고 있어 원전을 통한 그린수소 생산은 향후 탄소중립에서 중요한 역할을 할 거라는 전망이 나오고 있다.

차세대 원전 'SMR' 기술과 생태계 키우기

윤석열 당선인과 국민의힘은 문재인 정부에서 사장시킨 원자력 발전 산업을 부활시키겠다며 이를 위해 기술 경쟁력을 키우는 한편, 수출에 필요한 각종 지원을 아끼지 않겠다고 밝혔다. 이를 위해 한미 원자력 동맹을 강화하는 한편, 국민에게 원전과 관련한 의견을 묻는 공론화를 거친다는 계획이다.

기술 부문에서 소형모듈원자로SMR·Small Modular Reactor는 윤석열 당선인이 원전 생태계를 다시 일으키기 위한 '열쇠'가 될 기술이다. SMR은 쉽게 말해 크기를 확 줄인 원전이다.

SMR은 기존 대형 원전의 단점을 줄이고 장점을 극대화한 원자로로 불린다. SMR은 300메가와트(MW) 이하의 출력을 내는 소형 원전으로, 한국이 개발을 추진하는 혁신형 SM$_{iSMR}$은 170MW 규모다. 가장 최근 건설된 대형 원전인 신고리 4호기 전기 출력이 1,400MW인 것과 비교하면 약 8분의 1에 불과하다.

특히 SMR은 원자로와 증기발생기, 냉각재 펌프, 가압기 등의 주요 기기가 하나의 원자력 압력용기에 담겨 있는 '일체형'이다. 기존 대형 원전의 경우 이들이 모두 따로 배관으로 연결돼 있는 구조로 만들어져 있기 때문에 사고가 발생하면 연결부위에서 방사능이 유출될 수 있다. 하지만 SMR은 구성 요소들이 하나의 압력용기에 들어가 있어 사고가 발생해도 방사능 유출 위험이 현저히 줄어든다. 기존 원전의 가장 큰 걸림돌인 '안전성 문제'가 해소된 원전인 셈이다. 실제 SMR의 안전성 기준은 10억 년에 1회 노심 손상이다. 사고가 일어날 확률이 10억 년 동안 한 번이라는 뜻이다. 기존 대형 원전의 노심 손상 확률 기준은 10만 년에 1회인데, 이보다 1만 배 높인 것이다.

크기는 작지만 원전인 만큼 발전량은 신재생에너지보다 훨씬 높은 효율을 자랑한다. 기술을 선도하고 있는 미국 기업인 뉴스케일은 SMR 1기의 전력량을 생산하려면 풍력 발전 244㎢, 태양광 발전은 44㎢가 필요하다는 분석을 내놓기도 했다.

윤 당선인은 이런 SMR 개발을 위해 훼손된 원전 산업 경쟁력부터 끌어올릴 계획이다. 국민의힘은 대선 후보 공약집에서 "탄소중립 에너지로 원자력의 중요성이 커지고 있으나 세계 최고의 원자력 기술을 보유한 우리나라는 탈원전으로 원전 산업 생태계와 미래혁신 원자로 연구개발 환경이 붕괴됐다. 전 세계적으로는 안전성 제고 및 재생에너지와 연계 유연성을 강화시킬 수 있는 소형모듈원전 SMR 개발이 급속 진행 중이다"라고 밝혔다.

당초 한국은 전 세계에서 가장 먼저 SMR 관련 인증을 획득한 '원전 선진국'이었다. 1997년부터 관련 기술 개발을 시작해 지난 2012년 국내 기술인 'SMART SMR'로 세계 최초 표준설계 인가를 획득했다. 문제는 기술 개발이 한창이던 2017년 문재인 정부가 들어서 탈원전을 강행하면서 관련 연구와 기술이 사장됐다.

윤 당선인은 물로 원자로를 냉각하는 방식의 '수냉각 SMR' 등 신기술 개발을 촉진하는 한편 상용화를 도울 각종 지원책을 마련할 계획이다.

윤 당선인은 2022년 2월 발표한 공약집에서 "SMR 실증과 상용화를 촉진해 탄소중립을 가속하는 한편 수출 산업화도 가속할 계획"이라며 "SMR 기술을 잘 개발해 수소병합 원전 개발, 수소생산 및 재생에너지와 연동될 혁신 SMR을 만들겠다"고 밝혔다.

원전 산업과 SMR 개발이 산업적으로 경쟁력을 갖게 하기 위해서 적극적으로 수출을 돕고 이를 통해 10만 개의 일자리를 만든다는 청사진도 내놨다.

한국의 원전 건설 비용은 러시아 등 경쟁국에 비해 30% 이상 저렴한 것으로 알려져 있지만, 지난 2009년 UAE에 'APR 1400' 원전을 수출한 이후 원전 수출 실적은 전무하다. 이런 상황을 개선하기 위해서는 원전 기술 개발을 통한 부활 전략도 중요하지만, 잘 만든 기술을 내다 팔기 위한 '마케팅'도 중요하다는 것이 윤 당선인의 아이디어다.

원전 수출 마케팅을 돕기 위해서는 이원화된 원전 산업을 개편해야 한다는 제언이 공약집에도 원전 관련 조직 개편으로 반영돼 있다. 윤 당선인은 "원전 수출 체계가 한국전력과 한국수력원자력으로 이원화돼 있다"며 "사업 개발과 수출 전략상 산하기관 역할은 동일한 데도 지휘체계가 두 곳으로 갈려 있어 중복과 비효율을 낳고 있다"고 공약집에서 밝힌 바 있다.

이를 개선하기 위해 윤 당선인은 원전 산업체계 개편 방안을 마련할 계획이다. 수출체계를 일원화할 방안을 만드는 한편, 원전 건설과 운영 분야에 민간 기업의 역할을 확대하기 위한 전략도 만든다. 당선에 앞서 한전과 한수원 중 어느 한쪽에 치우친 통합안을 내놓지 않은 점은 긍정적이라는 해석이 나온다. 실제 국정 관련 사항을 파악하기 전에 한쪽에 치우친 제안을 했다가는 공약을 엎는 사태가 올 수 있기 때문이다.

윤석열 당선인은 수출을 위해 산업체계를 개편할 뿐만 아니라 재외공관 등 추가 지원이 가능한 영역이 있는지 꼼꼼히 살피고 있다. 가령 원전 수출 가능성이 높은 지역의 재외공관은 역할을 원전 수출 거점공관으로 개편한다면 원전과 관련한 산업계 정보를 집중석으로 관리할 수 있을 뿐만 아니라, 상대국 발전·외교 관련 업무 담당자의 정보들도 더 꼼꼼히 관리할 수 있다.

수출 상대국 외에 미국과의 원자력 협력도 강화해야 한다는 전망도 나온다. 현재 SMR 관련 기술을 선도하는 기업은 미국의 '뉴스케일'이다. 원전 수출은 이합집산이 빠른 사업 분야다. 원전 수출을 따내기 위해서는 미국이나 러시아 기업과 경쟁하지만, 필요할 땐 관련 건물 건설이나 자재·기기 공급을 나눠 담당하기도 한다. 미국은 SMR 기술력을 선도하고 있을 뿐만 아니라 한국의 우방국인 만큼, 미국의 외교력과 원천기술이 한국의 시공 능력과 연결되면 시너지를 낼 거라는 기대가 나온다.

윤석열 당선인은 이런 기술개발, 수출지원을 통해 2030년까지 원전 10기를 수출하고 이를 통해 10만 개의 고급 일자리를 창출하겠다는 청사진을 제시했다. 원전 10기 수출은 결코 달성하기 쉬운 목표가 아니지만, 도전적인 목표를 제안한 만큼 관련 업계에서는 '원전의 귀환'이 이뤄질 수 있다는 기대도 나온다.

원전의 귀환을 위해 필요한 것은 국내 기술개발, 해외 수출만이 아니다. 이를 위해서는 '탈원전'을 둘러싸고 갈가리 찢긴 여론의 회복도 필요하다. 원전의 발전 효율이 아무리 좋고 아무리 안전하다고 해도 국민의 동의를 얻고 지지여론이 형성되지 않으면 산업 진흥과 국내 원전 부활은 밑 빠진 독에 물 붓기 식의 정책이 될 수 있다.

윤 당선인은 우선 2017년 10월 신고리 5호기와 6호기 공론화 결과가 왜곡된 것부터 바로잡는다는 입장이다. 이를 위해 정치적 결정을 반복하기보다는 과학과 기술, 정보를 국민에게 공유한다는 계획을 세우고 있다. 윤 당선인은 공약집에서 "기후위기가 심해지는 만큼 태양광·풍력 외에 원전의 역할도 커지고 있다"며 "과학기술과 정보를 토대로 국민의견을 충분히 수렴해 원자력 정책을 세우겠다"고 알렸다.

이 계획의 첫 단추는 원자력안전위원회(원안위) 개편이 될 가능성이 높다. 현재 원안위에는 원자력 관련 전문가가 아닌 탈핵 운동을 벌인 환경운동가 출신이 각종 자리를 꿰차고 있다. 원안위의 싱크탱크 역할을 하는 원자력안전재단 이사장직에도 김제남 전 청와대 시민사회수석이 임명됐는데, 김 전 수석은 환경운동연합 사무총장 출신으로 사실상 '탈원전 미션'을 수행하기 위해 임명됐다는 비판이 일었다.

윤 당선인은 국정 현안 관련 보고를 받은 뒤 원안위 위원을 개편하는 한편, 외부 전문가에게 국민이 체감할 수 있는 원전 안정성 관련 자료를 만들 가능성이 높게 점쳐진다. 임기가 정해져 있는 원안위 상임·비상임위원들을 교체하는 데에는 정치적 부담이 따르기 때문이다. 윤 당선인은 공약집에서 "원자력안전위원회의 전문성과 독립성을 보장해 원자력 안전 이용을 위한 기반을 강화하겠다"고 밝히기도 했다.

국민의힘은 이 외에 미국과의 협력 강화가 한·미 원자력협정 개정으로도 이어지길 기대하고 있다. 한·미 원자력협정을 개정해 사용 후 핵연료인 고준위·저준위 방사성 폐기물을 재활용할 방법을 찾기 위해서다. 다만 이를 위해서는 한반도를 둘러싼 안보와 안전이 전제돼야 하는 만큼, 북한 관련 상황이 어떻게 변화하는가의 영향을 많이 받을 것으로 전망된다.

용어설명 ‖ 녹색분류체계란

EU 행정부 격인 집행위원회EC는 2022년 2월 2일(현지시간) 원전과 천연가스에 대한 투자를 환경·기후친화적인 지속가능한 금융 녹색분류체계Taxonomy(택소노미)로 분류하는 규정안을 확정, 발의했다고 밝혔다.

EU는 2022년 1월 1일(현지시간) 원자력 발전과 액화천연가스LNG 화력 발전 등을 포함하는 내용의 녹색분류체계 초안을 발표했는데, 이후 1개월여 만에 이 초안을 확정해 의회에서 본격적인 논의를 시작하겠다고 밝힌 것이다.

매이리드 맥기네스 EU 금융서비스 담당 집행위원은 "기후 중립으로의 힘든 전환을 위해 원자력과 천연가스가 어떻게 공헌할 수 있을지 제시한 것"이라고 밝혔다.

녹색분류체계는 일종의 '친환경·저탄소 가이드라인'이다. 한국의 경우 환경부가 녹색분류체계를 발표하는데, 녹색분류체계에 포함된 산업이나 기술은 녹색채권(그린본드) 발행이 가능해져 저금리에 자금을 조달할 수 있게 된다.

EU가 원전을 녹색으로 분류하겠다고 나선 것은 지난해부터 겪은 에너지 대란이 영향을 끼쳤다는 분석이 나온다. 2021년 여름 북해 지역의 풍속이 약화돼 풍력발전이 제대로 가동되지 못한 가운데, 하반기 들어서는 국제유가 급등과 러시아의 LNG 공급제한이 겹쳐 안정적으로 전기 공급이 가능한 원전의 필요성이 전보다 높아졌기 때문이다.

원전이 녹색분류체계에 포함되면 가장 수혜를 입을 분야는 차세대 원전으로 불리는 소형모듈원자로SMR가 꼽힌다. SMR은 한국은 물론 미국과 러시아, 중국, 영국 등이 앞다퉈 기술 개발에 뛰어들고 있는 분야로, 후쿠시마 참사를 겪은 일본까지도 연구에 참여한 분야다. 기존 원전에 비해 고준위 방사성 폐기물 배출량은 월등히 줄이고, 안전성은 크게 높일 수 있다는 기대감이 조성됐기 때문이다.

SMR 실용화에 성공한 국가는 아직 없다. SMR은 이르면 2030년 초반께 실용화될 수 있다는 기대를 받고 있지만, 기존보다 냉각이 수월하고 물이 스며들어도 사고가 나지 않는 등 특성을 실제 구현하기까지 막대한 자금이 들 전망이다. 녹색분류체계에 원전이 포함되면 여기에 필요한 자금을 저금리에 조달할 수 있는 만큼 산업경쟁력이 커질 수 있다는 전망이 나온다.

원전을 포함하는 내용의 EU 녹색분류체계가 최종 확정된 것은 아니다. EU가 발의한 녹색분류체계 규정안은 앞으로 2022년 6월까지 EU 회원국과 EU 의회에서 공식적으로 논의된다. 규정안이 승인되면 2023년 1월부터 시행된다. 규정안은 27개 EU 회원국 중 20개국이 반대하거나, EU 의회에서 353명이 이상이 반대하면 부결될 수 있지만, 이런 상황이 발생할 가능성은 거의 없다는 것이 현지 전문가들의 공통된 의견이다.

전 세계에서 기후·환경 규제가 가장 강력한 EU에서까지 원전을 친환경으로 분류하고 나섬에 따라 한국도 원전을 녹색분류체계에 포함해야 한다는 여론이 더 강하게 조성될 전망이다. 하지만 아쉽게도 이미 한국의 녹색분류체계에는 원전이 빠져 있다. 환경부는 지난 2021년 12월 30일 원전을 제외한 녹색분류체계를 최종 확정 발표했다. EU의 녹색분류체계 발표를 코앞에 두고 성급하게 원전을 체계에서 제외했다는 비판이 크게 일었다. 이후 한정애 환경부 장관은 2022년 1월 11일 "원전과 녹색분류체계에 관한 고민을 올 한해 할 필요가 있다"며 "정부 예산을 들여 연구하고 있는 소형모듈원자로는 민간에서 저금리로 금액을 구할 수 있게 하기 위한 고민이 필요하다"고 밝혔다. 당장 원전을 체계에 포함하지는 않았지만, SMR 등 미래 기술 확보를 위해서라도 관련 지원이 필요하다는 의미였다.

환경부는 올해 말까지 의견을 수렴해 녹색분류체계를 한 차례 개편할 계획이다. 윤 당선인은 그간 원전의 필요성과 SMR 등 미래 원전 기술 확보 중요성을 피력해온 만큼, 늦어도 올해 말까지 녹색분류체계에 원전 관련 기술이 포함될 가능성이 높게 점쳐진다.

탄소중립 기술
경쟁력을 키워라

이미 문재인 정부가 국제사회에 공표한 탄소중립 감축 목표는 되돌릴 수 없다. 파리기후협약에 명시된 '진전의 원칙Principle of Progression' 때문에도 그렇고, 국제사회에서 대한민국의 위상과 신뢰를 생각해서도 목표를 수정하기는 어렵다. 대한민국은 국제사회에 발표한 대로 2030년까지 2018년 대비 온실가스 배출량을 40% 줄여야 하고, 2050년까지 탄소중립을 달성하겠다는 기존 목표도 유지해야 한다.

2050년 탄소중립과 2030년 중간 감축 목표를 피해 가기 어렵다면 오히려 적극적으로 대응하는 것이 상책이 될 수 있다. 이를 위해 필요한 것은 국내 정책 여건 점검과, 강점을 활용한 적극적인 정책 시작이다.

국내 발전 관련 환경에서 윤 당선인이 택할 수 있는 최적의 경로는 원전 발전량을 합리적인 수준으로 유지하거나 끌어올리되, 이전 정부에서 잡아놓은 '과속스캔들'을 바로잡는 것이다.

우선 탄소중립으로 향하는 길에서 전기요금 인상은 피하기 어렵다는 점을 직시해야 한다. 단위 발전량당 비용이 가장 저렴한 발전 방식은 원전으로 알려져 있지만, 원전과 사용 후 핵연료 처리 문제로 국내에 추가 입지를 구하기는 쉽지 않은 것이 현실이다. 추가 입지를 구한다고 해도 기존보다 국내 원전 발전량을 획기적으로 끌어올릴 수 있느냐고 물어보면 그렇다고 답할 전문가는 국내에 거의 없는 상황이다.

윤 당선인이 공언한 것처럼, 국내에서 얼마만큼 원전을 더 사용하고, 새로 지을 수 있는지는 과학 지식을 갖춘 전문가들의 의견을 반영하되, 수도권과 지방을 가리지 않고 국민들의 의견을 충분히 수렴해 진행해야 한다. 아무리 과학적으로 안전하다고 주장해도 당장 내 집 옆에 원전을 짓는다고 하면 환영할 국민은 많지 않을 현실도 감안해야 한다는 말이다.

여기에 더해 '탄소중립 과속스캔들'도 바로잡아야 한다. 2021년 발표한 2030 국가 온실가스 감축목표NDC와 2050 탄소중립 시나리오에서 가장 비판받은 점은 아직 상용화 여부나 시기가 확실하지 않은 기술을 다수 포함한 일이다. 보수적으로 접근해도 달성이 쉽지 않은 탄소중립 분야에서 실현 여부조차 확실하지 않은 기술을 넣은 것은 가정이 과하다는 비판이 이어졌다.

가령 2030년까지 실용화를 선언한 수소환원제철은 실제 달성 여부나 시기가 확실치 않은 기술이다. '무탄소 신전원'도 발전 일부를 담당해 탄소배출을 줄일 것으로 시나리오에 담겼지만, 이름에서부터 알 수 있듯 아직 어떤 기술이 얼마만큼 상용화될지 로드맵조차 나오지 않은 상태다.

새 정부는 다소 과격하게 전제된 탄소감축 분야 기술의 할당량을 줄이고, 대신 접근 가능한 수단에 근거한 중단기 계획을 수립하는 식으로 탄소중립 시나리오의 전환을 시도해야 한다. 만약 현재 기술 수준으로는 2030년까지 온실가스 40% 감축 등 목표 달성이 어렵다면, 관련 기술이 실용화될 수 있을 정도로 과한 투자를 감행하는 것 외엔 선택의 여지가 없다.

다소 투박하지만 실용화된 탄소중립 관련 기술이 사장되지 않게 하는 것도 중요하다. 코스닥 상장 업체인 '자연과환경'은 공장 굴뚝에서 나오는 탄소를 포집해 석회석 형태로 만들고 이를 재가공해 시멘트 생산에 사용하는 기술을 특허 냈지만 환경부의 규제로 사업화에 실패했다. 오염물질 관련 증거까지 제출했지만 주무부처인 환경부는 '공장 굴뚝에서 나왔으니 폐기물 관련 규제를 받아야 한다'는 입장을 고수한 것으로 알려졌다. 탄소중립 관련 신기술 사업화가 곧 탄소중립 달성과 신산업 활성화임을 고려하면 이런 규제 대못을 뽑는 일은 무엇보다 중요하며, 중소기업중앙회, 전국경제인연합회, 대한상공회의소 등에서 전해오는 기업들의 목소리를 최대한 반영하기 위한 노력이 필요하다.

전기요금 인상은 윤 당선인의 생각과 달리 피하기 어려운 일이라는 지적도 나온다. 윤 당선인은 문재인 정부가 오는 2022년 4월 전기요금을 인상하겠다고 밝힌 계획을 없던 일로 하겠다고 밝힌 바 있다. 무리한 탈원전 때문에 발전단가가 올랐는데 이를 국민에게 전가할 수는 없다는 논리다.

문제는 아무리 원전의 이용을 늘린다고 해도 기존에 이용하던 석탄 화력발전, 액화천연가스LNG 발전의 이용률을 낮추려면 신재생에너지 발전량의 확대는 피하기 어려운 정책 여건이다. 신재생에너지 발전을 확대하려면 발전설비를 확대하는 데서 그치지 않고 여기에 필요한 송전설비, 변전설비와 신재생에너지 사용에 필수적인 에너지저장장치ESS·Energy Storage System의 확대도 필수적이다.

이 과정에서 2050년까지 최대 1,000조 원의 비용이 추가로 발생하리라는 예측도 있다. 탄소중립위원회에서 과학기술분과 간사를 맡고 있는 김승남 충남대 전기공학과 교수는 "ESS를 확대함에 따라 887조 원에서 1,005조 원의 추가 투자가 필요할 것"이라고 밝힌 바 있다.

윤 당선인이 공약한 대로 원전 발전을 확대하고, 원전을 이용해 그린수소를 만든다고 해도 최소 수백조 원의 비용이 발전 부문에서 필요한 만큼 전기요금 인상

서울 시내의 한 다세대 주택에 설치된 전기계량기를 관리인이 들여다보고 있다.

은 장기적으로 피할 수 없는 일이다.

전기요금 인상에 따른 부담을 줄이는 일도 필요하지만, 2022년 4월로 예정된 전기요금 인상이 문재인 정부의 탈원전 때문에만 필요하다는 식으로 주장하는 것은 장기적으로 탄소중립에도 도움이 되지 않을 뿐 아니라 국민에게도 도움이 되지 않는다. 원유나 LNG 등 글로벌 에너지가격이 상승한 만큼 전기요금을 올려야 할 때에는 이를 국민에게 솔직하게 밝히고, 필요한 만큼 전기요금을 올려야 한다. 단기간에 에너지가격이 오르는 것에 더해 장기간에 걸쳐 수백조 원 이상 발전부문 추가 비용이 발생한다면 탄소중립의 초입인 지금 국민들에게 이를 공지하고 국민 저항을 낮추는 일이 오히려 도움될 수 있다.

다만 전기요금 상승에 따른 서민층 부담을 줄이기 위한 노력은 기존보다 강화할 필요가 있다. 지금도 저소득층에는 일정 계층에서 전기요금을 내지 않도록 하는 복지제도가 시행 중이다. 이 폭을 넓히거나 보장액을 두텁게 하는 식의 정책 변주는 반드시 필요하다.

장기적인 관점에서 전기차 충전요금을 낮게 유지하는 것도 위험할 수 있다는 지적이 나온다. 환경부는 2030년까지 국내에 전기·수소차 500만 대를 보급한다는 계획을 내놨는데, 이렇게 되면 전기차 이용에 따른 전력수요가 급증한다.

이미 환경부와 지방자치단체는 전기차 보급이 어느 정도 궤도에 올랐다는 판단 하에 전기차에 지급하는 보조금을 줄이고 있다. 2021년 국비 보조금은 승용차 대당 최대 800만 원이 지급됐지만 2022년에는 700만 원으로 줄었다. 완성차 업계의 기술 수준이 과거보다 많이 올라온 상황인 만큼, 보조금 지급액을 줄여 민간 완성차 업계가 자발적으로 가격을 낮추도록 유지하기 위해서다.

전기차 충전 요금도 장기적으로는 시장 자생력을 기르는 방향이 돼야 한다. 만약 윤 당선인이 공약한 대로 전기차 충전요금을 5년간 동결하면, 오르는 전기요금과 고정된 전기차 충전요금 사이에 발생하는 간극을 정부가 세금으로 보조해야 한다. 이렇게 되면 업계에서 자생력을 기르기 위해 자사 경쟁력을 쌓기보다는, 효율 개선은 뒷전으로 미뤄져 정부 보조금만 따먹는 식으로 업계 경쟁력이 악화될 수 있다.

이를 막기 위해서는 전기차 충전요금을 막무가내로 동결하기보다는, 전기차 충전요금이 국내 전기요금 상승폭을 넘어서지 못하는 식으로 상한선을 두는 것이 더 바람직하다. 이 외에 전기차 전환 과정에서 저소득층의 부담을 줄이기 위해 소비자에게 별도 지원하는 것도 방법일 수 있다.

...

자본시장 선진화 통한
국민 富 축적

주식 양도소득세 폐지

윤석열 정부의 '자본시장 선진화' 공약은 공정한 시장 질서를 확립해 기업의 과실을 국민과 공유하고 '코리아 디스카운트'를 해소하는 데 목적이 있다. 궁극적으로 자본시장을 통해 1,000만 투자자들의 활로를 마련해주겠다는 것이다.

윤 당선인은 국민 다섯 명 중 한 명이 참여하고 있을 정도로 주식시장이 국민 경제에 대한 주식시장 영향이 큼에도 불구하고 기업 성장의 과실이 국민들에게 제대로 돌아가지 못하고 있다는 문제 의식을 가지고 있었다. 이에 시장을 더욱 공정하게 만들어 기업들이 가치를 제대로 평가 받도록 하고, 기업과 투자자가 함께 성장하는 선진 주식 시장을 만들고자 자본시장 선진화를 공약으로 내걸었다.

자본시장을 선진화하고 국민의 부를 증대시키기 위한 윤 당선인의 주요 공약으로는 개인투자자 세제지원 강화, 신사업 분할 상장 시 개인투자자 보호 강화, 의무 공개매수 제도 도입, 공매도 제도 개선, 가상자산 과세 합리화 등이 있다.

윤 당선인은 개인투자자에 대한 세제 지원 강화 방안으로 주식 양도소득세 폐지를 추진한다. 이는 개인투자자나 기관투자가, 대주주 등 관계없이 주식 투자 자체에 자금이 몰리도록 유도해야 궁극적으로 개인투자자도 함께 수익을 올릴 수 있다는 인식에 기반한 공약이다.

현행 소득세법에 따르면 코스피·코스닥·코넥스 등 주권상장법인의 대주주가 소유한 주식 등을 양도하는 경우 단 1주만 양도해도 양도소득세 과세 대상이 된다. 과세표준이 3억 원 이하일 경우 20%의 세율이 적용되며 3억 원을 초과할 경우 25%의 누진세율이 부과된다.

대주주 기준은 시장 별로 차이가 있다. 코스피는 전체 주식의 1% 또는 10억 원 이상을 보유한 주주가 해당되며 코스닥은 2% 또는 10억 원 이상 보유했을 경우 대주주로 분류된다. 코넥스는 4% 또는 10억 원 이상 보유 주주가 대주주에 포함된다.

당초 문재인 정부는 대주주의 금액 기준을 10억 원에서 3억 원으로 낮추기 위해 법 개정을 완료하고 2021년부터 시행할 예정이었다. 그러나 지난 2020년 법 시행을 앞두고 국회에서 이 같은 대주주 기준 강화가 개인투자자 보호 취지와 맞지 않는다는 논란이 제기되며 다시 10억 원으로 유지되도록 법이 개정됐다.

윤 당선인의 주식 양도소득세 폐지 공약은 2023년 시행 예정인 '금융투자소득세' 도입까지 백지화하는 것이다. 정부는 2023년부터 개인이 보유한 증권사 계좌의 손익을 통산해 연간 손익이 5,000만 원을 넘는 금액에 대해 20%의 세금을, 3억 원을 초과하는 경우 25%의 양도세를 부과하는 금융투자소득세를 도입할 예정이었다. 금융투자소득세까지 백지화되면 국내 상장주식 양도 시 발생하는 소득에 대한 과세는 전면 폐지된다.

윤 당선인의 구상은 주식 양도소득세 전면 폐지를 통해 수요 기반을 확충함으로써 기업이 제 가치를 찾고, 개인투자자가 이 혜택을 함께 보게 된다는 것이다.

물론 주식 양도소득세 폐지 대상에 비상장 주식과 해외주식은 포함되지 않는다. 이미 폭발적으로 해외 투자가 늘어난 상황에서 해외 주식에 대한 양도세를 폐지할 경우 국내 주식시장 자금이 해외로 더욱 이탈해 수요 기반 확충 효과가 반감될 우려가 있기 때문이다. 주식 양도소득세 폐지 공약은 국내 주식시장 활성화가 목적인 만큼 오로지 국내 주식 시장에 상장되어 있는 주식을 양도할 때 발생하는 세금에 대해서만 폐지를 추진한다.

윤석열 정부는 향후 모든 기업 가치가 정당하게 평가받고 시장이 안정되면 선진국과 같이 거래세는 낮추거나 폐지하고, 양도차익에 대해서는 통상적인 종합과세 방식으로 점진적으로 바꿔나간다는 계획이다. 주식 양도소득세 전면 폐지를 추진하는 대신 거래세는 현행 수준으로 유지한다.

소득이 있는 곳에 세금이 있다는 대원칙상 장기적으로 주식 양도소득세를 도입하고 거래세를 폐지하는 것이 더욱 바람직한 방향이라는 것은 윤 당선인도 인정하는 바다. 다만 현재 우리나라의 시장 환경이 투자자 보호, 시장 투명성, 기업 지배구조 등 측면에서 아직 선진 시장에 비해 미흡하기 때문에 양도세 폐지 공약을 내놓은 것이다.

양도세 폐지가 재벌 등 대주주에게 특혜를 줄 수 있다는 지적이 있다. 그러나 현행 유가증권시장의 양도소득세 대주주 요건인 1% 또는 10억 원을 넘는 경우가 재벌을 의미하지는 않는다. 오히려 개인투자자 중 상당 수 큰손이 대주주로 몰려 양도세를 내는 상황이 발생한다.

윤 당선인은 중장기적으로 거래세를 폐지하고 주식 양도차익에 대한 과세 방식으로 전환되기 전까지 양도세 폐지가 재벌의 승계 자금 마련 등 악용될 소지가 있을 경우 다른 수단을 동원해 공정하게 이뤄지도록 보완하거나, 대주주 요건에 관한 보다 공정하고 명확한 정의에 대해 검토할 방침이다.

신사업 분할 상장 땐 투자자 보호 강화

최근 국내 대기업들이 회사의 신성장 사업이나 핵심 사업부를 분할해 별도의 회사로 만들고, 이를 상장하는 사례가 잇따르면서 소액주주 보호가 이슈로 떠올랐다. 핵심 사업부에 대한 분할 상장이 기존 모회사의 가치 하락을 불러와 모회사 주주들이 피해를 보는 경우가 생겼기 때문이다.

물적분할은 한 기업이 사업부를 분할해 새 회사를 만들고, 모회사가 해당 신설회사의 지분을 100% 소유하는 형태로 분할하는 것을 말한다. 신설 회사가 기존 회사의 100% 자회사가 되는 것이기 때문에 이론상 회사 가치에 변동은 없다.

그러나 물적 분할한 자회사를 주식시장에 상장할 경우 기존 모회사의 주가는 통상적으로 하락한다. 분할 상장 이슈가 본격화된 LG화학의 물적분할 사례를 보면 2020년 9월 15일 72만 6,000원이던 LG화학 주가는 전지사업(LG에너지솔루션) 분할 소식이 전해지자 다음날 5.27% 하락했고, 이사회에서 분할을 결의한 9월 17일에는 6.11% 떨어졌다.

신설회사를 상장할 경우 기존 모회사의 주주들은 다른 일반 투자자와 마찬가지로 공모주 청약을 통해 신설회사의 주식을 받아야 하는데, 익히 알려졌다시피 웬만한 청약 규모가 아니면 1~2주 받는 데 그치는 것이 현행 공모주 청약 시장의 현실이다.

원래 분할회사의 사업까지 보유하고 있던 모회사의 주주가 분할회사의 주식을 받기 위해 일반 투자자들과 똑같은 기준으로 취급받는 것은 불공정한 측면이 있다. 이에 윤 당선인은 모기업이 신사업을 분할해 별도 회사로 상장하는 경우 기존 모회사의 주주들에게 신주인수권을 부여할 수 있도록 관련 규정을 정비한다.

윤석열 정부는 자회사의 공모주 청약 시 기존 모회사 주주에게 일정 비율을 공모가로 청약할 수 있도록 신주인수권을 부여하는 방식으로 기존 주주들을 보호할 방침이다.

미국, 일본 등 외국의 경우에는 모회사와 자회사가 동시에 상장할 경우 이해 상충의 위험이 존재한다고 보고 기존 발행주식의 의결권을 희석하는 자본 재구성을 금지하고 있다. 국회입법조사처에 따르면 일본은 상장사 주주 권리가 부당하게 제한되는 경우 상장 폐지가 가능하도록 규정하고 있다. 미국 역시 기존 주주들의 의결권이 기업 활동이나 수식 발행을 통해 제한될 수 없도록 했다.

윤 당선인은 물적분할을 아예 못 하도록 규제로 원천 봉쇄하는 것은 기업 활동의 자유를 과도하게 막는다는 문제가 있다고 보고, 모회사 주주들이 분할기업 상장의 혜택을 정당하게 볼 수 있도록 신주인수권을 부여하는 방안을 공약으로 제시한 것이다. 이 같은 방안은 모회사 소액주주들의 권익 보호에 도움이 될 것으로 기대된다.

개인투자자 보호를 위한 자본시장 선진화 공약에는 주식 상장폐지 제도를 정비해 개인투자자들이 상장폐지로 인한 금전적 손실을 최소화하는 방안도 담겼다. 새 정부는 상장기업이 상장 지속성이 존재함에도 주식시장에서 바로 퇴출되지 않도록 상장폐지 요건을 강화하고 단계를 관리종목 지정, 장외거래소 이관 등 세분화하는 방안을 추진할 방침이다.

또한 내부자들이 아무런 제한 없이 대량으로 주식을 장내에서 매도해 일반 개인투자자가 주가 폭락으로 피해를 입지 않도록 제한이 없는 대량 장내 매도를 특정 기간 내 일정 한도로 제한하는 방안을 추진한다.

자본시장의 투명성과 공정성을 획기적으로 개선하기 위해 회계와 공시 등 자본시장 기초 확립에도 나선다. 특히 미공개 정보이용, 주가조작 등 증권범죄의 수사부터 처벌까지 전 과정을 개선해 제재의 실효성을 강화한다.

의무 공개매수 제도 도입

윤 당선인이 개인투자자 보호를 위해 '의무 공개매수' 제도 부활을 추진한다. 의무 공개매수 제도는 주식 매수를 통한 인수·합병 M&A을 진행할 때 주식 시장에서 일반 주주가 보유한 주식을 일정 비율 이상 의무적으로 사들이도록 하는 제도다.

통상 피인수기업 지배주주가 자신의 지분을 팔 때 보유 지분의 시장가치에 통상 20~30% 수준의 경영권 프리미엄을 얹은 가격을 받는다. 이 과정에서 지배주주에게만 고가의 경영권 프리미엄을 지급하는 관행이 있지만 일반 개인투자자들은 지분 매각으로 경영권이 바뀌는 리스크를 감수하는 과정에서 아무런 대가를 받지 못한다.

의무 공개매수 제도를 도입하면 기업 M&A 과정에서 일반 주주들에게도 지배주주와 함께 일정 수준 이상의 가격으로 주식을 처분할 수 있는 기회가 주어진다. 특히 기업 간 M&A는 물론 사모펀드PEF 등 금융자본에 의한 M&A가 폭발적으로 늘어난 만큼 개인투자자 보호를 위한 의무 공개매수 제도 활용성은 높을 것으로 보인다.

우리나라도 의무 공개매수 제도가 있었으나 외환위기를 겪은 1998년 기업 구조조정이 우선시 되면서 국제통화기금IMF의 권고로 이 제도를 폐지한 뒤로 자본시장에서 잊힌 존재가 됐다. 영국 등 유럽에서는 개인투자자를 보호하기 위해 의무 공개매수 제도를 도입하고 있다.

경영권 프리미엄과 의무 공개매수 제도에 대한 논쟁은 2021년 한샘 최대주주의 경영권 매각으로 수면 위에 떠올랐다. 한샘의 최대주주가 사모펀드PEF에 지분을 매각하는 과정에서 수천억 원의 경영권 프리미엄이 논의되자 한샘 2대주주인 외국계 투자회사 테톤이 "지분 매각 과정에서 다른 주주들이 배제되고, 공개매수도 없어 주주권을 침해 받았다"는 취지의 주장을 펼친 것이다.

만약 우리나라에 의무 공개매수 제도가 도입돼 있었다면 한샘의 소액주주들도 대주주가 받는 경영권 프리미엄만큼 주당 가격에 얹어 높은 가격에 팔고 수익을 실현할 수 있었을 것이다. 경영권 프리미엄을 지배주주만 독식하는 문제는 그동안 국내 시장에서 당연하게 받아들여져 왔지만 이제는 분명이 짚어봐야 할 문제다.

의무 공개매수 제도 도입에 대한 긍정적 평가는 많다. 국회 정무위원회는 "의무 공개매수 제도를 도입하면 소액주주들도 공개매수자에게 주식을 팔 수 있게 되므로 소액주주들의 경영권 프리미엄 향유와 주주가치 제고에 도움이 될 것"이라고 평가했다.

지배주주가 독식하는 경영권 프리미엄과 실제 주가 사이의 격차는 중소기업일수록 더 큰 것으로 나타나기도 했다. 최근 중소벤처기업연구원이 2009~2017년 사이 20% 이상 지분 매매 사례를 분석한 결과 경영권 프리미엄과 실제 주가와의 차이는 37%에서 최대 66%에 달했다.

중소벤처기업연구원은 의무 공개매수 제도가 재도입되면 불특정 일반 주주도 대주주와 같은 가격에 주식을 팔 수 있게 되고, 경영권 프리미엄이 소액주주들에게도 배분될 수 있을 것이라고 봤다. 또한 소수 지분으로 여러 기업을 거느리는 재벌의 지배구조 문제 개선에도 도움이 될 수 있다.

유럽연합EU은 기업 지배권을 취득하는 경우 나머지 주주들 전부를 대상으로 공개매수청약을 진행해야 한다. 네덜란드나 독일의 경우 지분 30% 이상 취득하는 경우에는 잔여 주주들에게 공개매수 청약을 실시하도록 하고 있다.

공매도 제도 개선

윤 당선인이 자본시장 선진화를 위해 가장 중점을 두고 있는 분야 중 하나가 공매도 제도의 합리적 개선이다. 공매도 제도 개선의 핵심은 개인투자자가 외국인이나 기관투자가에 비해 불리하지 않도록 하는 것이 골자다.

공매도는 주식을 빌려서 팔고 나중에 주식을 사서 갚는 방식의 거래를 뜻한다. 주로 주식 가격이 향후 하락할 것으로 예상될 때 사용되는 거래법으로 거래 규모가 큰 기관투자가나 외국인투자자의 전유물로 여겨진다.

예를 들어 주가가 10만 원인 주식을 빌려서 10만 원에 팔고, 나중에 주가가 떨어져 5만 원이 됐을 때 주식을 5만 원에 사서 갚으면 5만 원의 차익이 생기는 것이다.

개인투자자들의 공매도 시장 접근이 사실상 어려운 국내 상황에서 공매도는 개인투자자들의 적으로 인식되고 있다. 공매도는 주가가 떨어져야 이익을 보는 구조이기 때문에 공매도가 활발해지면 주가가 내려갈 가능성이 높아진다는 뜻이 된다. 특히 시장을 주도하는 기관투자가·외국인투자자가 공매도를 늘리면 주가가 하락할 것이라고 보는 시각이 많아지고, 이는 개별 기업은 물론 시장 전체에 영향을 줄 수 있다.

실제 정부는 그 동안 경제 충격이 발생하면 주식 시장의 과도한 하락을 막기 위해 공매도를 일시적으로 금지한다. 금융위원회는

2021년 6월 9일 서울 여의도 한국투자증권 본사 로비 전광판. 당시 '서학개미'보다 '동학개미'의 수익률이 높았다.

지난 2020년 3월 코로나19 충격으로 인한 주가 급락을 막기 위해 6개월간 공매도를 전면 금지한 후 두 번의 연장을 거쳐 1년 2개월 만인 2021년 5월에 부분 재개했다. 정부는 2021년 5월 공매도를 재개하면서 개인투자자의 공매도 접근성을 높인 새로운 개인 대주 제도를 마련했지만 여전히 활용하기에는 어려움이 있다.

공매도를 완전히 폐지하면 되지 않느냐는 주장도 있지만 공매도의 순기능과 글로벌 스탠더드를 고려하면 폐지는 쉽지 않다. 공매도의 가장 큰 순기능은 시장이 효율적으로 움직일 수 있도록 하는 '가격발견' 기능이다. 이 같은 가격발견 기능이 주가의 거품을 줄여 과도한 변동성을 완화할 수 있다는 것이다. 일부 전문가들은 비트코인 시장에 공매도가 적용된다면 지금과 같은 변동성은 상당 폭 줄어들 것으로 보기도 한다.

윤 당선인은 공매도 제도를 정상적으로 운영하되 개인투자자 참여와 보호를 강화하는 방향으로 개선 방향을 설정했다. 우선 기관투자가에 비해 높은 담보비율을 합리적으로 조정해 개인투자자의 공매도 시장 참여를 확대할 방침이다.

이와 함께 주가 하락이 과도할 경우 일시적으로 공매도를 자동 금지하는 '공매도 서킷브레이커' 도입을 적극 검토한다. 서킷 브레이커는 주가지수의 변동 폭이 10%를 넘는 상태가 1분 이상 지속되면 주식 거래가 자동 중단되는 제도로, 이를 공매도에도 적용하겠다는 구상이다.

또한 주식 공매도와 관련한 감시 전담 조직을 설치하고 불법 공매도를 엄정 처벌하고, 주가 하락을 부추기는 무차입 공매도 여부를 매일 실시간으로 점검한다. 무차입 공매도는 주식을 빌려 매도하는 차입 공매도와 달리 주식을 빌리지 않은 상태에서 주식을 매도 주문을 내는 것이다.

실제 빌리지도 않은 주식을 대량으로 싼 가격에 내놓으면 악의적 주가 하락을 초래할 수 있어 선진국은 강하게 규제하고 있다. 미국의 경우에는 무차입 공매도가 적발되면 500만 달러(60억 원)의 벌금이나 최대 20년 징역에 처할 수 있다.

윤석열 정부는 불법 공매도 적발 시 주가 조작에 준하는 수준으로 형사 처벌을 부과하도록 제도를 개선할 방침이다. 자본시장법에서는 주가 조작 시 10년 이하의 징역이나 주가 조작으로 얻은 이익의 1~3배 수준의 벌금을 부과하도록 하고 있다.

윤석열 정부 자본시장 기조는 효율적인 해외 투자

윤석열노믹스가 주식 투자 과세 개편 등을 통해 국민의 부를 늘리겠다고 나선 가운데 새 정부에서는 한국의 대외 투자 효율성을 높여야 한다는 목소리가 강하게 나올 전망이다.

이 같은 주장은 특히 윤 당선인의 경제 책사인 김소영 서울대 경제학부 교수를 중심으로 제기될 것으로 관측된다.

김 교수팀은 2021년 열렸던 경제학계 최대행사인 '2021 경제학 공동학술대회'에서 한국이 지난 24년간 무역으로 벌어들인 돈의 약 60%를 해외 투자 손실로 까먹었다며, 보다 적극적인 대외 투자 필요성을 강조하고 나서서 일찌감치 학계의 관심을 모았다.

당시 학술대회 첫 전체회의에서 '코로나 사태와 금융 글로벌화'로 주제 발표한 김 교수는 "최근 20여 년간 한국의 대외 금융자산과 부채의 운용 손실이 컸다"며 "선진국에 비해 위험 대비 수익률은 훨씬 더 열악했다"고 지적했다.

김 교수는 1995년부터 2019년까지 한국은행 국제투자대조표를 분석해 우리 국민이 해외 주식·펀드·채권을 비롯한 대외자산 등에 투자해 얼마만큼 수익을 냈는지 살펴봤다.

세부적으로 우리 국민이 해외 투자(대외금융자산)해 벌어들인 돈과 한국이 해외에 지급해야 하는 빚(대외금융부채) 등을 합산해 최종 수익률을 구했다. 그 결과 자산 가치와 환율 변동 등으로 연 평균 국내총생산GDP의 1.65%에 달하는 돈을 매년 손실본 것으로 나타났다. 같은 기간 상품·서비스 수지 흑자는 연 평균 GDP의 2.66%로 분석됐다.

쉽게 말해 한국이 지난 24년간 무역흑자로 벌어온 돈의 60%를 매년 해외주식·채권 등에 투자하면서 날렸다는 뜻이다. 2019년 기준 명목 GDP가 1,919조 원이라는 데 비춰보면 매년 32조 원에 달하는 돈을 해외 투자로 날리며 무역 흑자로 벌어들인 돈(51조 원) 60%를 까먹었다는 의미다.

문제는 코로나19 사태로 글로벌 금융거래가 더 강해지고 있다는 점이다. 학자들은 국제 금융거래가 비대면으로 가능하고 정보통신IT 기술이 쉽게 접목될 수 있으며, 한국의 GDP 대비 대외 금융자산·부채 비중이 아직 경제협력개발기구OECD 평균의 3분의 1 수준밖에 안 돼 앞으로 거래가 더 크게 늘 것으로 내다봤다.

가뜩이나 한국 투자 성적이 저조했는데 코로나19로 거래가 활발해지면 더 큰 손실을 볼 수 있다는 우려도 나온다.

김 교수는 "저성장 기조에 인구 고령화가 겹치며 소득 증가를 기대하기 어려운 상

가상자산 투자수익 비과세

현행법상 비트코인 등 가상자산에 투자해 거둔 수익에 대해서는 2023년부터 과세가 시작된다. 2023년 투자 수익에 대해 이듬해인 2024년부터 실제 과세가 되는 것이다. 현행 소득세법은 가상자산의 양도·대여 과정에서 발생하는 소득을 기타 소득으로 보고 250만 원을 초과하는 소득에 20%의 세율을 적용한다.

윤석열 정부는 가상자산 투자 수익에 대해 5,000만 원까지 완전 비과세로 개편한다. 현행대로라면 250만 원까지만 비과세 혜택이 있는데, 비과세 구간을 대폭 늘리겠다는 구상이다. 여기에는 주식 양도소득세 완전 폐지 공약과 형평을 맞추려는 의도도 포함돼 있다.

가상자산 과세 시점도 전 정부에서 정한 2023년보다 늦출 가능성도 있다. 윤 당선인은 가상자산 과세에 대해 '선先 정비 후後 과세' 원칙을 고수하고 있다. 가상자산 거래 제도와 기반을 모두 완벽히 갖춘 다음에 시간을 두고 과세 방침을 결정해야 한다는 것이다.

실제 전 정부에서 가상자산 과세 시점이 2022년에서 2023년으로 1년 늦춰진 이유도 과세 기반이 완전히 갖춰져 있지 않다는 판단 때문이었다. 국회는 해외 거래소를 통해 취득하거나 채굴 또는 개인 간 거래를 통해 취득한 가상자산의 취득 원가 입증이 쉽지 않아 시간이 더 필요하다고 봤다. 윤 당선인도 가상자산 과세 기반에 대한 면밀한 검토를 통해 실제 과세 여부를 판단할 것으로 전망된다.

윤 당선인은 '디지털자산 기본법'을 제정해 가상자산 투자자의 안심 투자 환경을 조성하고 보호 장치를 만들 계획이다. 그동안 디지털 자산 거래 시장은 급속히 성장했다. 보스턴컨설팅그룹은 한국 가산자산 시장 규모가 2021년 300조 원에서 2026년 1,000조 원 규모로 성장할 것으로 전망했다. 그러나 제도권 편입에 대한 부정적 시각과 시장 관리 중심의 소극적 정책 대응으로 산업 진흥과 투자자 보호는 미흡한 것이 사실이었다.

윤 당선인은 가상자산 부당거래 수익은 사법절차를 통해 전액 환수할 방침이다. 이와 함께 해킹이나 시스템 오류 등이 발생하는 상황에 대비해 보험제도를 도입·확대하고, 디지털 자산거래 계좌와 은행을 연계시키는 전문 금융기관을 육성하기로 했다.

그는 국내 가상화폐 발행ICO도 전격 허용한다. ICO는 블록체인 기술이나 가상화폐 기반 사업팀이 가상화폐를 발행해 자금을 조달하는 것을 말한다. 주식시장의 기업공개IPO와 유사한 과정이다.

우리나라에서는 2017년부터 모든 형태의 ICO가 허용되지 않고 있다. 금융당국이 ICO를 통해 발행 주체가 부당한 이익을 취할 수 있다고 보고 ICO를 전면 금지한 것이다.

윤 당선인은 안전장치가 마련된 거래소발행_{IEO} 방식부터 허용한다는 방침이다. IEO는 투자자가 거래소를 통해 코인 프로젝트에 참여하는 방법으로 거래소가 중개인이 돼 프로젝트와 투자자 사이에서 검증인 역할을 담당함으로써 위험을 줄일 수 있는 방식이다.

윤 당선인은 또한 디지털 산업에서 가장 화두가 되고 있는 대체불가토큰_{NFT} 활성화를 위해 신개념 디지털 자산시장 육성을 추진한다. 이를 위해 신개념 자산시장 육성의 콘트롤타워 역할을 할 디지털산업진흥청(가칭)을 설립한다. NFT는 교환이나 복제가 불가능한 블록체인 기반의 가상 토큰이다. NFT를 활용하면 영상이나 그림, 음악 등 디지털 자산에 복제·위조가 불가능한 암호를 붙여 소유주를 증명할 수 있다. 블록체인 전문회사 라인테크플러스는 전 세계 NFT 시장 규모가 2021년 20조 원에서 2025년 230조 원으로 10배 이상 성장할 것으로 내다봤다.

서민 금융·은퇴자 인생설계 지원

윤 당선인은 서민들과 퇴직자를 보호하기 위해 대출 금리 관리와 퇴직소득세 감면 등 여러 공약을 마련했다.

우선 금융소비자 보호와 권익 향상을 위해 과도한 예금-대출금리 격차를 해소하는 방안을 추진한다. 그동안 기준금리가 인상될 때마다 예금금리와 대출금리 반영 속도 차이에 따른 예대 금리차 확대로 소비자 금융 부담과 함께 금융회사에 과도한 이익이 발생한다는 비판이 있었다.

실제 2022년 2월 현재 한국은행 기준금리는 1.25%인 상황에서 시중 주식담보대출 금리는 6%에 달하는 등 금리 격차가 상당히 큰 상황이다. 이에 윤석열 정부는 예대금리 차이를 주기적으로 공개하는 공시제도를 도입하고, 필요 시 가산금리의 적절성을 검토하거나 담합 요소 점검까지 추진할 방침이다.

윤 당선인은 서민 금융피해의 온상인 보이스피싱 범죄가 기승을 부리고 있는 상황에서 취약 금융소비자의 피해 방지를 위해 보다 실효성 있는 조치가 필요하다고 보고, 불법 사금융과 보이스피싱에 대해 한층 엄정한 법 집행을 추진한다. 불법 사금융과 보이스피싱 근절을 위해 범정부 합동 단속 조직을 상시화하고, 보이스피싱과 관련한 금융회사 책임을 더욱 강화할 계획이다.

아울러 금융소비자 피해구제 제도의 실효성을 제고하고자 금융감독원 분쟁조정위원회의 독립성을 한층 강화하고, 금융 민원이 보다 빨리 해소될 수 있도록 패스트트랙 제도 도입을 검토한다.

윤석열 정부는 직장을 그만둔 퇴직자들의 새 출발을 지원하기 위해 5,000만 원 이하 퇴직금에 대해서는 퇴직소득세를 면제하는 방안도 추진한다. 윤 당선인은 퇴직금이 제2의 인생을 설계하는 데 쓰일 소중한 종잣돈이라는 인식 아래 대다수 퇴직자에게 퇴직소득세는 큰 부담이 된다고 여긴다. 특히 재직 중 납부하는 소득세보다 상실감이 더 클 수 있다는 게 윤 당선인의 생각이다.

퇴직소득세는 근속연수, 환산급여 등을 공제한 후 징수한다. 예를 들어 10년 동안 근무하고 퇴직하면서 퇴직금 5,000만 원을 받았다면 약 92만 원의 퇴직소득세가 발생한다.

5,000만 원 이하 퇴직금에 대해 퇴직소득세를 없애면 소수의 고소득자를 제외한 약 95%의 근로자들이 혜택을 볼 수 있을 것으로 윤석열 정부는 보고 있다. 지난 2020년 기준 5,000만 원 이하 퇴직소득세 규모는 약 2,400억 원으로 전체 퇴직소득세 세수 1조 4,000억 원의 18% 정도에 해당돼 세수에 미치는 영향도 미미하다.

MSCI 선진지수 편입으로
증시 레벨업

윤 당선인의 자본시장 선진화 공약 핵심은 코리아 디스카운트를 해소하고 우리 기업이 가치를 제대로 평가받아 그 과실을 국민들과 공유하겠다는 것이다. 우리 나라 주식시장이 더욱 커지기 위해서는 개별 기업의 가치도 중요하지만 시장 자체의 레벨을 향상시키는 것도 못지않게 중요하다.

현 시점에서 한국 증시가 한 단계 레벨업하기 위해서는 모건스탠리캐피털인터 내셔널MSCI 선진지수 편입을 적극 추진해야 한다. 글로벌 투자은행IB 모건스탠리 는 한국이 MSCI 선진지수에 편입되면 코스피 지수가 최대 4,500까지 상승할 것 이라는 전망을 내놨다.

골드만삭스는 MSCI 선진지수 편입으로 외국인 투자자 자금이 대거 유입돼 코 스피 지수가 3,760에 도달할 것으로 봤다. 우크라이나 사태로 주가가 주저앉은 2월 현재 대비 40% 이상 상승한 수준이다. 이후 매년 수익성이 10%씩 개선된 다면 코스피 지수는 4,500까지 오를 수 있다는 계산이다.

한국 증시가 신흥국 시장에서 선진국 시장으로 이동하면 신흥지수 추종 자금보 다 선진지수 추종 자금 규모가 작아 오히려 약 28억 달러(3조 3,600억 원)의 외국 인 자금이 순 유출될 것이라는 우려가 일각에서 제기된다.

MSCI 선진국지수 편입 효과

구분	효과
외국인 자금	15.9억~547억 달러
코스피 상승효과	8%~27.5%
증시변동성 축소효과	4.2%~-14.2%

자료: 한국경제연구원

그러나 골드만삭스는 선진지수에 편입 시 증시 레벨업으로 440억 달러(53조 원) 이상의 해외 자금이 유입될 수 있다고 전망한다. 무엇보다 선진지수 편입으로 얻을 수 있는 것은 한국 증시에 꼬리표처럼 따라다니는 '코리아 디스카운트'를 해소할 수 있다는 것이다.

MSCI 선진지수 편입으로 얻을 수 있는 또 다른 효과는 과도한 변동성을 억제할 수 있다는 점이다. 2008년 금융위기나 2020년 코로나19 대유행과 같은 글로벌 위기 때마다 한국 증시는 외국인 자금이 썰물처럼 빠져나가며 투자자들이 어려움을 겪었다. 하지만 MSCI 선진지수의 변동성은 신흥지수보다 약 20%가 낮았다. 한국 증시가 MSCI 선진지수에 포함되면 상당한 시장 안정 효과를 볼 것으로 기대된다.

또 다른 글로벌 지수인 FTSE와 스탠더드앤드푸어스S&P 글로벌지수는 이미 한국을 선진지수에 포함하고 있다. 우리 증시는 MSCI 선진지수 편입 조건에서 정량평가 부분은 이미 기준을 충족한 것으로 나타난다. 한국의 경제 규모는 세계 10위로 경제 대국 반열에 올랐다고 볼 수 있다. 현재 MSCI 선진지수에 포함된 증시가 23개국이라는 점을 감안하면 한국은 MSCI 선진지수에 들어가기 충분하다.

한국 증시는 MSCI가 선진 시장으로 분류하는 시장 규모와 유동성 기준도 충족한다. MSCI 선진지수는 시가총액 36억 6,100만 달러(4조 원), 유동 시가총액 18억 3,000만 달러(2조 원) 이상이면서 연율화 거래대금비율$_{AVTR}$이 20%를 넘기는 종목이 5개 이상이어야 한다. 한국 증시는 시가총액 규모를 충족할 뿐만 아니라 AVTR 20% 이상 종목이 70개가 넘는다.

그럼에도 한국이 MSCI 선진지수 편입이 안 되는 이유는 원화 역외거래 금지 등 외국인 투자자들에 대해 외환시장 접근성이 열악하기 때문이다. 또한 현재 부분적으로 공매도가 제한되고 있어 글로벌 스탠더드에 맞지 않는 측면도 존재한다.

이에 정부도 MSCI 선진지수 편입을 위한 노력을 다각도로 기울이고 있다. 정부는 최근 외환시장 개장 시간 대폭 연장, 해외 금융기관의 외환시장 직접 참여 허용 등을 골자로 하는 외화 거래제도 개선 방안에 본격 착수했다.

정부는 2021년 11~12월 전 세계 주요 금융기관 50여 곳을 대상으로 직접 설문을 실시했다. 그 결과 해외 투자자들은 국내 외환시장에 직접 참가가 불가능한 점과 외환시장 마감 후 환전이 곤란한 점을 가장 큰 불편 사항으로 꼽았다. 이에 정부는 현재 오전 9시부터 오후 3시 30분까지인 국내 외환시장 개장 시간을 해외 영업시간까지 포괄할 수 있도록 대폭 연장하는 방안을 검토하기로 했다. 정부는 외환거래 거점인 영국 런던 외환시장 개장 시간에 맞춰 9시부터 익일 새벽 1시까지 외환시장 시간을 늘리는 방안을 유력하게 검토하고 있는 것으로 알려졌다.

정부는 해외 금융기관이 국내 외환시장에 직접 참여하는 방안도 검토하고 있다. 정부는 이를 위한 플랫폼으로 외환거래전자화 프로그램$_{API}$ 도입을 2022년부터 본격화할 계획이다.

정부는 외국 투자자의 외환시장 참여 확대와 관련한 최종 방안을 마련하고

MSCI와 본격적인 협의를 추진한다는 방침이다. 정부는 우선 2022년 6월까지 MSCI의 관찰국 리스트에 등재되는 것을 1차 목표로 하고 있다.

2022년 5월부터 본격적으로 가동되는 윤석열 정부는 전 정부의 MSCI 선진지수 편입 추진 정책을 이어받아 더욱 적극적으로 추진해야 한다. MSCI 선진지수 편입이야 말로 자본시장을 선진화하는 지름길이자 한국경제와 1,000만 투자자의 활로다.

•••

디지털경제
선도국가 도약

취임 3년 내 디지털플랫폼 정부 구축

윤석열 당선인은 한국 경제 성장의 키워드로 '역동적 혁신 성장'을 내걸었다. 선거를 한 달가량 앞둔 2월 7일 대한상공회의소에서다.

윤 당선인은 이 자리에서 "우리는 개발도상국에서 시작해 경제 규모 10위권에 진입한 전례 없는 성장을 이뤘다"면서 "그럼에도 한국의 경제성장률은 5년마다 1%씩 하락하고 있으며, 이로 인해 지속 가능한 복지와 성장을 기대하기 어려워졌다"고 지적했다.

이에 대한 해법으로 윤 당선인이 제시한 것이 역동적 혁신 성장이다. 구체적으로 그는 "저성장 극복과 경제도약의 핵심은 산업 구조의 고도화와 재편"이라며 "세계는 4차 산업혁명을 두고 치열한 경쟁을 하고 있으며, 한국도 선택의 여지없이 신속하고 과감한 인프라 확충과 제도 혁신을 이뤄야 할 상황"이라고 지적했다.

산업구조의 고도화의 수단으로 그가 제시한 것이 디지털 혁신이다. 윤 당선인은 "거대한 변화가 이미 시작됐다. 그 변화는 디지털 사회, 디지털 경제로의 전환"이라며 "대한민국이 세계에서 가장 빠르고 강력하게 디지털플랫폼 정부를 구축하고 이를 세계 각국에 수출해서 디지털 지구의 표준이 되도록 하겠다는 구상"이라고 지적했다. 이는 한국뿐 아니라 저출산 고령화로 인한 인구 부족, 치솟는 임금 및 제반 비용 등에 직면한 주요 선진국 대부분에서 정체에 빠진 경제의 활력을 불어넣을 수 있는 수단으로 디지털 혁신을 꼽고 있는 것과 일맥상통하는 얘기다. 구체적으로 어떻게 실현할지가 중요해지는 대목이다. 이를 위한 마중물로 윤 당선인이 제시한 것이 '디지털플랫폼 정부'다.

디지털경제 구상이다. 윤 당선인이 내세운 디지털경제 구상의 3대 핵심은 디지털 지구Digital Earth시대에 경제패권국가 도약, 디지털경제 전략동맹 강화, 디지털플랫폼 정부 수출이다. 이를 위한 6대 전략사업으로 인공지능 산업 육성, 소프트웨어 산업 발전, 고도화된 디지털 인프라 구축, 디지털 융합사업 지원, 사이버 안전망 구축, 100만 디지털 인재 양성을 내걸었다.

정부가 디지털 경제 성장에 필요한 자금과 자원을 제공하고 이를 통해 행정의 개선과 함께 산업의 육성이란 두 마리 토끼를 잡아보겠다는 것이다. 특히 그중에서도 인공지능AI에 방점을 찍었다. 이미 대선 기간 중에도 윤 당선인은 자신의 모습을 닮은 AI 윤석열

윤석열 디지털경제 3대 목표

1	디지털지구 시대, 경제패권국가 도약
2	전자정부 2라운드! 디지털플랫폼 정부 수출
3	디지털 경제 전략동맹 강화

6대 실천 전략

1	인공지능 산업 육성
2	소프트웨어 산업 발전
3	고도화된 디지털 인프라 구축
4	디지털 융합산업 지원
5	튼튼한 사이버 안전망 구축
6	100만 디지털인재 양성

자료: 정책 공약집

을 등장시켜 홍보전에 활용하기도 했었다. 윤 당선인은 "한국의 인공지능 기술 역량은 미국보다 1.8년 정도 뒤쳐지고 있어 정부가 AI 및 빅데이터 활용 영역을 조성해주는 것이 중요하다"고 자신의 구상을 설명했다. 타임라인까지 제시해 취임 후 3년 내에 '디지털플랫폼' 정부를 완성해 해외 수출까지 하겠다고 했다.

디지털플랫폼 정부는 행정 서비스와 관련해 현재 상상할 수 있는 모든 것을 집약시켜놓은 형태다. 구글에서 모든 것을 할 수 있듯이 모든 행정이 가능한 '구글 정부' 구상이란 말로 세간에 유명해진 아이디어다.

공약집 등에 등장하는 사례 중 국민들이 체감하기 쉬운 내용으로는 사이트 한곳에서 모든 정부 관련 업무를 해결하는 '원사이트 토털 서비스', 정부가 집사처럼 국민의 복지 혜택을 챙겨주는 '마이 AI포털' 등이 있다. 정부 부처 단위로까지 논의를 확장하면 "모든 정부 부처 하나로 연결해 신속하고 투명하며 효율적인 행정서비스를 제공해 여러 부처 공무원들의 협업이 지금과 비교할 수 없을 정도로 간편해지며, 빅데이터를 활용해 국민의 요구를 보다 과학적으로 파악하고 충족시킬 수 있게 된다"는 것이 윤 당선인 측이 제시한 디지털플랫폼 정부의 모습이다.

일례로 디지털플랫폼 정부의 AI를 활용해 이동 데이터, 확진자 지역별·연령대별 증가 데이터 등을 민간의 전문가들과 함께 분석하고 AI를 통해 신속하고 정교한 방역정책을 만들 수 있도록 하겠다는 구상까지 내걸었다.

특히 이 과정에서 AI 관련 민간 벤처기업들의 기술과 상품을 적극적으로 구매해 민간 생태계 확산을 돕겠다고 밝혔다. AI 외에도 소프트웨어 산업 육성을 위해 국가 연구개발 사업인 소프트웨어 컴퓨팅 산업 원천 기술 개발 과제를 현재의 127개에서 2025년까지 200개로 확대하며 예산도 늘려 잡을 계획이다. 또 이렇게 개발된 혁신적 스타트업의 소프트웨어를 우선적으로 구입한다는 방침이다. 정부의 공공소프트웨어 구매 규모만 현재 10조 원에 달하는 만큼 이를 활용할 경우 혁신적 제품을 개발한 스타트업의 경영에 현실적 도움도 줄 수 있다는 것이다. 특히 기존에는 가격 경쟁력 등을 중심으로 선정되던 정부 조달 소프트웨어 선택에서 선정

기준을 가치 중심으로 재편시키겠다는 구상도 담았다.

100만 디지털인재, 10만 사이버보안 인재 양성

2021년 10월 매일경제신문과 과학기술정보통신부 산하 스타트업 해외 진출 지원 기관인 '본투글로벌센터'가 센터 회원사 47곳을 설문조사한 결과, 응답 기업 중 95.7%(45곳)가 "정보기술$_{IT}$ 개발자 구인난을 겪고 있다"고 응답했다(매일경제 2021년 10월 6일 보도).

특히 72.3%(34곳)는 "IT 개발자를 구하기 매우 어려운 실정"이라고 답했다. 설문조사에 응한 한 기업인은 "개발자를 구하는 데 기본 석 달은 걸린다"고 토로했다. 이번 설문조사에 응한 기업 대다수(40곳)는 직원이 50명 미만이다. 설문조사에 답한 한 스타트업 대표는 "토스, 배달의민족, 펍지, 하이퍼커넥트처럼 자금이 넉넉한 IT 기업들이 고연봉으로 개발자들을 대거 뽑아가니, 스타트업 입장에선 개발자를 구하기가 너무 힘들다"며 "이 때문에 주위에 있는 많은 스타트업이 인도·동남아시아 출신 개발자를 뽑고 있다. 국내 개발자 공급이 이른 시일 내에 더 늘어나면 좋겠다"고 토로했다. 소프트웨어정책연구소에 따르면, AI·클라우드·빅데이터·증강현실$_{AR}$·가상현실$_{VR}$ 5대 분야의 IT 개발자는 2021년 9,453명, 2022년엔 1만 4,514명이 부족하다. 해당 5대 신사업 분야뿐만 아니라, 전통적인 IT 분야까지 합치면 개발자 부족분은 2만 명 이상이라는

개발자 구인난 어느 정도인가

(단위: %)

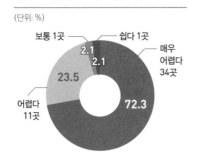

- 보통 1곳: 2.1
- 쉽다 1곳: 2.1
- 매우 어렵다 34곳: 72.3
- 어렵다 11곳: 23.5

가장 선호하는 경력은

(단위: %)

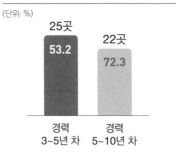

- 경력 3~5년 차: 25곳 53.2
- 경력 5~10년 차: 22곳 72.3

경력 개발자에게 줄 수 있는 연봉 최대치는

(단위: %)

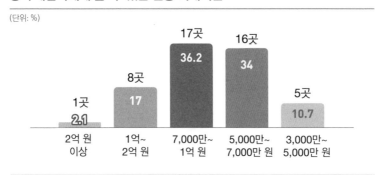

- 2억 원 이상: 1곳 2.1
- 1억~2억 원: 8곳 17
- 7,000만~1억 원: 17곳 36.2
- 5,000만~7,000만 원: 16곳 34
- 3,000만~5,000만 원: 5곳 10.7

정부에게 바라는 점은(중복 응답·상위 5개 기준)

(단위: %)

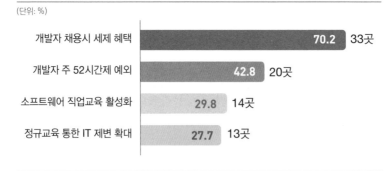

- 개발자 채용시 세제 혜택: 70.2 33곳
- 개발자 주 52시간제 예외: 42.8 20곳
- 소프트웨어 직업교육 활성화: 29.8 14곳
- 정규교육 통한 IT 제변 확대: 27.7 13곳

*2021년 9월 29일~10월 1일 설문조사, 응답 기업은 47곳.

자료: 본투글로벌센터

게 업계 추정이다.

디지털 혁신은 모든 국가가, 모든 기업이 가장 많은 공을 들이는 분야다. 그만큼 인재 확보 경쟁이 치열해졌고 과거 경쟁의 단위가 기업이었다면 이제는 국가 단위로까지 확대된 것이 현실이다. 또 정보통신IT기술 발전과 함께 근무 지역의 제한까지 사라지면서 국가 간, 다국적 기업 간 경쟁이 날로 격화되는 형국이다 보니 앞선 기사에 등장하는 기업인들의 호소처럼 인지도나 자금력이 약한 국가와 기업에서는 인재 확보에 어려움을 겪을 수밖에 없고 이는 기술력 저하로 직결되는 악순환에 빠지기 쉬운 것이 현실이다.

이 같은 문제 해결을 위해 윤 당선인은 100만 디지털 인재를 내걸었다. 구체적으로 초중등 교육과정 내 코딩 등 소프트웨어 교육을 확대하고, 대학의 디지털 관련 학과 정원과 장학금 지급을 확대하는 것이다. 협력형 정원조정제와 디지털 연계전공 등 통한 전문 인력 양성 확대의 경우 수도권 대학과 지방대가 협력할 경우 첨단 분야 정원을 동시에 늘리고 교육 및 연구협력이 가능하도록 지원하겠다는 것이다. 또 대학의 디지털 전공 분야에 한해 모든 학과와의 연계전공을 설치하거나 학생이 자기설계 전공 형태로 융합 이수가 가능하도록 추진하겠다는 구상도 밝혔다.

이와 함께 기업이 지방대와 협약을 맺고 기업 대학이나 사내 대학을 캠퍼스 내에 설립할 수 있도록 추진하고 국가가 보조하는 안도 내놨다. 이 외에도 디지털 분야 계약학과, 민관협력 디지털 아카데미 확대 등 기업 수요 맞춤형 인력 양성 기능 강화 등도 100만

인재 양성의 한 수단이다.

또 병역특례제도를 보완하기 위해 ROTC나 부사관 지원 인력 중 선발하여 군복무 기간 동안 기업과 연계한 디지털 전문기술교육 이수 및 인턴근무 등 가능하도록 추진한다. 여기에 국내 대학과 해외 대학 제휴를 통해 다국적 학생들이 참여하는 문제해결형 IT 교육 프로그램을 진행하고 해외 연수 등 지원하고 해외 고급인력 유치 활성화, SW개발자 전문 비자제도 등 추진한다. 이와 함께 초중고 소프트웨어 교육 시수 확대, 전문교사 확보 및 디지털 사회봉사 요원을 활용한 취약계층 대상 교육 실시하겠다고 내걸었다.

또 사이버 보안 분야와 관련해서는 10만 인재 양성을 내걸었다. 윤 당선인은 후보 시절 기자회견을 통해 "국내 사이버 안전을 총괄하는 거버넌스를 구축하고, 민관군 협력 체계를 원활히 해 범국가적인 사이버 공격에 대한 정보 공유 체계를 마련할 예정"이라며 "대국민 사이버 안전 서비스도 제공할 것"이라고 밝히기도 했다.

다만 윤 당선인이 밝힌 100만 인재 양성은 당내 경선 과정에서 타 후보가 먼저 제시했다는 비판에 직면하는 등 철저한 준비가 돼 있다고 보기는 힘든 것도 현실이다. 구체적인 정책에 있어서도 기존에 나와 있던 정책들의 확대 수준이란 지적이 업계에서 꾸준히 제기되는 것도 사실이다. 그만큼 실제로 취임 후 얼마나 효과적인 추가 정책을 속도감 있게 진행할 수 있느냐에 따라 성과로 이어질 수 있을지 판가름 날 전망이다.

일각에서는 막판 단일화가 이뤄진 안철수 전 국민의당 대선 후보의 역할을 주목한다. 스타트업을 키워낸 경험을 가진 기업인 출신인 안 전 후보가 윤석열 정부에서 경제와 관련해 강한 목소리를 내며 현장의 목소리를 더 잘 반영시켜줄 수도 있다는 얘기다.

안 전 후보의 정책 방향을 가장 잘 보여주는 것이 단일화 직전에 이뤄진 대선 후보 토론회다. 당시 안 전 후보는 "가장 중요한 기반이 3가지"라며 "첫 번째로는 산업 구조조정을 해야 하고 그다음에 두 번째로는 과학기술에 투자해서 우리가 초격차 기술, 세계 1위 기술을 확보해야 된다. 세 번째로는 인재를 양성하는 그 3가지가 필요하다"고 지적했다. 이어 "정부가 해야 하는 일은 관치경제에서 손을 떼고, 규제를 철폐해서 기업에게 자유와 자율성을 줘야 한다. 또 공정한 시장경제를 만들고 사회적인 안전망을 만드는 일을 해야 한다"고 말했다.

안 전 후보는 앞서 자신의 공약으로 이른바 '555 공약'을 내세운 바 있다. 5대 초격차 기술을 가진 5대 기업을 확보해 G5 경제강국에 진입한다는 것이다. 당시 그가 내세웠던 5대 초격차 기술은 디스플레이, 2차 전지, 소형모듈원자로$_{SMR}$, 수소에너지 산업, 바이오 산업 제시였다. 이를 실행하기 위한 전략으로 안 전 후보는 과학기술부총리직을 신설해 전체적인 과학 및 산업 정책을 짜고 청와대에도 과학기술보좌관을 두는 것, 연구원 수를 50만 명에서 100만 명으로 늘리는 인재 육성, 과학기술 관리 시스템 개편, 규제 철폐의 4대 항목으로 내세웠다.

플랫폼엔 공정과 상생 더 요구

'공정과 상생이 확보되는 플랫폼경제.' 윤석열 후보의 정책을 모아놓은 윤석열 공약 위키에 플랫폼 기업에 대한 내용을 소개하는 부분의 제목이다. 해당 항목에서는 윤 당선인의 관련 정책 방향에 대해 "플랫폼의 다양성·역동성을 감안해 섣부른 규제 도입을 지양해야"한다고 지적하면서도 관련된 사회적 논의를 위해서 "모든 이해관계자를 포함한 논의기구를 설립해야 한다"고 적고 있다. 플랫폼 기업에 대한 일방적인 때리기는 없을 것이란 설명이다.

다만 유세 기간 내내 공정과 상생에 대한 국민들 요구가 있다는 점을 언급하며 플랫폼 기업에 더 많이 요구하겠다는 점을 지속적으로 강조해왔다. 2022년 2월 택시업계와 만난 자리에선 "택시 플랫폼 업체가 이익의 엄청난 부분을 수수료로 받는 건 대단히 불합리하고 국민 상식에 맞지 않는다"며 "정부가 재정으로 출자하는 플랫폼을 구축하고 국민께 많이 홍보해 개선할 수 있도록 하겠다"고 말했다. 카카오택시, 우버 등의 민간 택시호출앱과 같은 서비스를 정부가 만들겠다는 것이다.

또 2022년 2월초 내놓은 쇼츠(1분 이내 짤막한 영상) '석열 씨의 심쿵 공약'에서는 "빅테크 금융업 규율에 대한 '동일기능, 동일규제' 적용 원칙에 따라 간편결제 수수료도 신용카드 등과 같이 준수 사항을 정할 계획"이라고 지적했다. 이 동영상에서는 또 "(플랫폼 기업) 결제 수수료가 신용카드 결제 수수료보다 최대 세 배 이상 높다"고 지적했다. 사실상 두 업계에 대해선 규제를 하겠다는 뜻으로 읽혀 관련 기업들에 비상이 걸리기도 했다. 물론 대선 국면에서 경쟁자였던 이재명 더불어민주당 대선 후보 역시 택시와 간편결제 수수료와 관련해서는 거의 동일한 내용을 공약에 포함시킨 바 있다.

치열한 접전이 펼쳐지는 선거 국면에서 표를 의식할 수밖에 없는 상황이 반영된 것이 일반적인 평가다. 다만 향후 플랫폼 기업들의 영향력이 더 커질 수밖에 없고 이는 일정 부분 기존 업계와의 갈등을 수반할 공산이 크다는 점을 고려하면 일부 산업의 플랫폼 기업에 대한 규제가 강화될 수 있을 것이란 전망은 지속적으로 나오고 있다.

윤 당선인은 앞서 '확률형 아이템' 관련 정보를 공개하겠다는 공약을 내놓기도 했다. 확률형 아이템이란 게임 중 필요한 칼이나 창 등의 무기를 구매하는 과정에서 일정한 확률로 해당 아이템이 나오도록 만든 구조를 뜻한다. 게임유저들 사이에서는 과도하게 확률이 낮다며 일각에서는 조작 가능성까지 제기하며 거세게 반발하기도 했다. 젊은 층의 지지도가 높았던 윤 당선인은 2030 게이머 공략 공약의 하나로 확률형 아이템 전보 완전 공개 의무화를 내걸기도 했다. 워낙 유저들의 비판이 거센 상황이라 이재명 더불어민주당 대선 후보 역시 비슷한 내용을 제시하긴 했으나 현실적으로 정보 공개를 의무화하는 것은 쉽지 않은 일이다. 법률적으로 쉽지 않은 일임에도 공약으로 내세우는 것을 두고 플랫폼 기업에 대한 규제가 강화되는 것 아니냐는 불안의 목소리가 나오기도 했다.

민간의 혁신 역량이
뛰게 해야

복수의결권은 비상장 벤처기업 창업자가 보유한 지분 이상으로 의결권을 행사할 수 있도록 하는 제도다. 창업자 경영권을 '기업사냥꾼'에게서 지켜줄 수 있지만 국회에서 관련 법안이 여전히 계류 중이다. 한국에선 쿠팡이 미국 상장을 택한 중요한 이유 중의 하나가 복수의결권일 것이란 주장이 나오면서 세간이 관심이 몰리기도 했다. 반짝 관심에도 불구하고 논란이 이어지며 20대 대통령 선거전에서도 후보별 입장이 갈리기도 했다. 윤 당선인은 복수의결권 도입을 약속하면서 지지부진한 논의에 지쳐 있던 기업인들의 지지를 받기도 했다(선거 당시 이재명 더불어민주당 대선후보는 유보적인 입장을 취했다).

혁신을 주도하는 역할은 이미 민간에게 주도권이 넘어간 지 오래다. 대표적인 사례가 우주 산업이다. 미국과 옛 소련이 국가 예산을 쏟아부어 경쟁에 나섰으나 냉전이 끝나면서 갈피를 잡지 못하던 우주산업을 끌어올린 것은 민간이었다. 일론 머스크가 이끄는 스페이스X, 제프 베이조스가 진두지휘하는 블루오리진 등이 경쟁을 주도하면서 이제는 미국항공우주국NASA이 자체 개발보다는 이들에 외주를 택하는 것이 현실이다. 혁신적 성과를 더 저렴한 비용으로 현실화시키고 있기 때문이다.

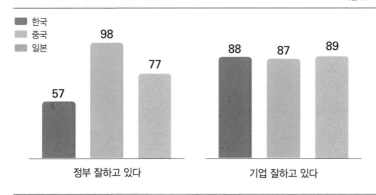

한 · 중 · 일 4차 산업혁명 대응

(단위: %)

- 한국
- 중국
- 일본

정부 잘하고 있다
- 57
- 98
- 77

기업 잘하고 있다
- 88
- 87
- 89

*한 · 중 · 일 CEO 314명 조사, 매우 대응 잘함 · 약간 대응 잘함을 합한 값.
2020년 조사결과 내용을 바탕으로 정리함

자료: 매일경제신문

　디지털 경제의 영역에서도 별반 상황은 다르지 않다. 민간이 혁신을 주도하고 이를 잘 지원하는 제도를 갖춘 나라들이 성공한다. 이 점에서 한국의 현실은 그리 후한 점수를 받지 못하고 있다. 지난 2020년 매일경제와 일본 니혼게이자이신문, 중국 환구시보가 공동으로 실시한 3개국 CEO 설문조사에서 흥미로운 결과가 있었다. 한국 기업인들이 중국이나 일본 CEO들보다 4차 산업혁명에 대한 정부 대응이 매우 미진하다고 느끼고 있다는 점이 확인됐기 때문이다 기업의 자체적인 신기술에 대한 대응은 한 · 중 · 일 3국 CEO들 간 인식 차이가 크게 없었다.

　4차 산업혁명이라 불리는 신기술 대응과 관련해 각 정부 대응을 평가해달라는 질문에 '매우 잘하고 있다' 혹은 '어느 정도 대응을 잘하고 있다'는 긍정적인 답변이 한국에선 57%에 그쳤다. 이에 비해 중국과 일본에서는 각각 98%와 77%의 긍정적인 답변이 나왔다. 반대로 자신의 기업들의 4차 산업혁명 대응 수준을 묻는 질문에는 한국 88%, 중국 87%, 일본 89% 등 3국 CEO 모두 잘하고 있다는 평가를 내놨다. 기업과 정부 간 대응에 한국이 가장 큰 차이가 있는 셈이다.

2년이 지난 지금의 상황이라고 크게 다르지 않다. 2022년 1월 국내 중소기업을 대표하는 경제단체인 중소기업중앙회의 김기문 회장이 첫 기자간담회에 나서 절절하게 호소한 것이 복수의결권 통과였을 정도다.

윤 딩선인이 니시털 경제의 패권국가 구축을 목표로 내세운 것처럼 많은 외국 지도자들 역시 비슷한 목표를 내걸고 있다. 디지털 경제의 주도권을 쥐겠다는 점을 강조하지 않는 지도자를 찾는 것이 더 쉬운 작업일 정도로 유행처럼 퍼진 말이다.

비슷한 목표를 내걸고 전 세계 대부분의 국가가 경쟁하는 가운데 성패를 가를 요인에 대해 전문가들은 민간과 정부의 업무 분장을 강조한다.

민간 기업들이 열심히 뛸 수 있는 경기장을 잘 만들어주는 것이 정부의 역할이란 것이다. 더 직접적인 표현을 하는 전문가들은 혁신은 민간의 영역에 맡겨두어야 한다고 강조한다. 플랫폼 기업의 과도한 시장 독점이나 자금력을 무기로 삼은 무리한 영역 확장 등에 대해서는 제동을 걸 필요가 있다. 다만 혁신의 씨앗 자체를 틔우지 못하게 만드는 과도한 규제 혹은 만기친람萬機親覽식의 정책은 오히려 한국의 경쟁력을 제한할 수밖에 없다.

윤 당선인은 후보 시절부터 무리한 규제는 경쟁력을 저하시킨다는 입장을 견지해왔다. 윤 당선인의 애독서는 미국 경제학자 밀턴 프리드먼의 《선택할 자유》다. 이를 선택한 이유에 대해 윤 당선인은 과거 인터뷰에서 "이 책 덕분에 검찰의 가장 강력한 공권력인 수사권과 소추권을 남용해선 안 된다는 걸 깨달았다"고 밝히기도 했다. 윤 당선인이 내건 공약처럼 디지털 지구, 디지털 경제 패권국가로의 도약에 한국의 미래가 달렸다. 이를 위한 해법은 민간의 자유를 최대한 확보해주는 정부의 역할에 달려 있다.

PART 2

윤석열노믹스를
움직이는 사람들

권영세 ‖ 국민의힘 의원, 선거대책본부장

권영세 국민의힘 의원은 엘리트 검사 출신의 정치인이다. 4선 중진 의원인 권 의원은 1959년 서울 출생으로 배재고, 서울대 법대를 졸업하고 1983년 제25회 사법시험(사법연수원 15기)에 합격해 검사로 법조계에 입문했다. 윤 당선인(사법연수원 23기)보다는 여덟 기수 앞선다.

김대중 정부 출범 후에 미국 유학길에 올랐던 권 의원은 2002년 재보궐 선거에서 이회창 당시 한나라당 총재에게 발탁돼 서울 영등포구 선거구에 출마, 당선하면서 정계로 진출했다. 이후 2012년까지 16·17·18대 국회의원을 지냈고, 2013년부터 2015년까지 주중대사직을 역임했다가 2020년 다시 21대 국회의원에 당선됐다.

권 의원은 윤 당선인과 오래전부터 막역한 사이였다. 서울대 법대 재학 시절 선후배의 연을 맺어 형사법학회 활동을 함께했다. 권 의원은 검사였던 윤 당선인과 꾸준히 친분을 유지했다. 권 의원이 2013년 주중대사로 내정됐을 당시에는 송별회를 함께하는 등 각별했다. 윤 당선인이 국민의힘으로 입당을 고민할 때 대외협력위원장을 맡으며 가교 역할을 했고, 국민의힘 최종 대선 후보 선출 후에는 총괄특보단장을 맡았다.

중앙선거대책위원회가 해체되고, 선거대책본부로 '슬림'화된 윤석열호의 선장으로서 권 의원은 김종인 전 총괄선대위원장 역할을 대신해 대선을 진두지휘했다. 그 과정에서 윤 당선인의 소통창구 역할을 하는 한편, 당 사무총장으로서 조직 관리도 맡으며 실세로 떠올랐다는 평가다.

당시 권 의원이 선대본부장으로 내정된 데는 여러 가지 요인이 작용했다. 윤 당선인과 친분이 있지만 이를 내세우지 않고 뒤로 물러나 있는 모습을 보였던 점, 당내 '비토' 세력이 거의 없다는 점 등과 함께 비강남권 유일의 서울 지역구 의원이라는 점이 크게 작용한 것으로 알려졌다.

원희룡 || 전 제주도지사, 선대본 정책본부장

2022년 1월 김종인 국민의힘 총괄선대위원장이 해촉되는 등 내홍이 불거졌던 와중에도 원희룡 전 제주지사는 윤석열 캠프 중추로서 흔들리지 않았다. 원 전 지사는 1964년 제주 서귀포시 출신으로 제일고, 서울대를 졸업하고 1992년 제34회 사법시험(사법연수원 24기)에 합격해 3년간 서울중앙지검 등에서 근무했다. 윤 당선인과는 서울대 법대 3년, 연수원 1기수 선후배 사이이다.

원 전 지사는 1999년 당시 한나라당 소속이었던 김부겸 현 국무총리의 권유로 입당해 16대 총선에 당선돼 국회에 입성했다. 이후 원 전 지사는 17·18대 총선에서도 내리 당선됐고, 2014년에는 제6회 지방선거에 출마, 제37대 제주특별자치도지사에 당선된다.

정계 안팎에서 대선 잠룡으로 평가받던 원 전 지사는 국민의힘 대선 경선에서 윤 당선인과 맞붙었지만 이후 선대위에 합류했고, 선대본으로 '슬림화'되는 과정에서도 정책본부장직을 그대로 유지했다. 대선 정국에서는 대장동 개발 사업 논란과 관련해 이재명 후보를 저격하는 등 공격수의 역할을 자처했다.

오랜 세월 의정 활동과 도정 활동을 통해 구축한 그의 인적 네트워크를 바탕으로 윤석열 정부 아래서 독자적인 여권 세력의 한 축을 담당할 가능성이 높다.

이석준 ‖ 전 국무조정실장

　윤석열 당선인의 경제 브레인 가운데 정통 경제관료 출신으로는 단연 이석준 전 국무조정실장이 1순위로 꼽힌다. 이 전 실장은 2021년 6월 윤 당선인 캠프의 공식 '1호' 영입 인사로 합류해 정책 자문단 총괄 간사를 맡았다. 30년간 법률가의 길을 걸어온 윤 당선인으로선 경제정책 전문성과 국정 운영 경험이 약점으로 평가됐던 만큼 이를 보완해줄 인사였다는 평이 나온다.

　이 전 실장은 1959년 부산 출신으로 동아고, 서울대를 졸업 후 MIT에서 경제학 석사 학위를 받았다. 1983년 제26회 행정고시에 합격한 이 전 실장은 입직 후 줄곧 경제부처에서 근무하면서 금융, 예산 전문가로 입지를 다져왔다. 재경부 총무과장, 기재부 경제예산심의관, 금융위 상임위원 등을 거쳐 기재부 내 '실세'인 예산실장으로 근무했고, 박근혜 정부 들어 기재부 제2차관으로 임명됐다. 이후 미래창조과학부 제1차관을 거쳐 2016년에는 장관급인 국무조정실장으로 영전했다.

이 전 실장은 경제관료 출신 선·후배와 책《경제정책 어젠다 2022》를 공동 집필해 화제가 됐는데 변양호 VIG파트너스 고문, 김낙회 전 관세청장, 임종룡 전 금융위원장, 최상목 전 기재부 차관 등이 공동저자다. 이 전 실장 등은 이 책에서 '부負의 소득세'(공정소득) 도입을 주장했다. 소득에 상관없이 전 국민에게 일정 금액을 지원하자는 '기본소득'과 달리, 일정 소득 수준 이하의 계층에게 차등적으로 보조금을 지급하자는 정책이다. 재원 마련을 위해 각종 현금성 복지 제도를 통폐합하자는 주장도 책에 담겼다.

...

김소영 ‖ 서울대 교수, 국민과 함께 뛰는 경제정책본부장

김소영 서울대 경제학부 교수는 거시경제와 국제금융에 능통한 한국을 대표하는 경제학자다. 1967년 서울 출생인 김 교수는 경성고, 서울대를 졸업하고 예일대에서 경제학 석사와 박사 학위를 취득했다. 일리노이주립대 조교수, 고려대 부교수를 거쳐 서울대 교수직을 역임한 그는 2011년 노벨경제학상을 받은 크리스토퍼 심스 프린스턴대 교수로부터 지도를 받아 계량경제 모델에 밝다는 평을 받고 있다. 스페인 중앙은행 연구위원, 한국은행 객원연구원, 아시아개발은행ADB 컨설턴트, 국제결제은행BIS 자문역 등 실무 경험도 다양하게 쌓은 '현실참여형' 경제학자로 꼽힌다. 2016년에는 매일경제가 주관하는 제46회 매경이코노미스트상을 수상하기도

했다.

　윤석열 캠프의 대표 경제 책사로서 선거대책본부 경제정책본부장을 맡고 있는 김 교수는 윤 당선인의 경제 공약 전반을 자문하고, 정책 생산을 총괄하고 있다. 문재인 정부의 대표 경제정책이었던 '소득주도성장론'을 비롯해 현금성 복지, 정부 주도의 일자리 정책에 반대 목소리를 내왔던 인물로 2021년 8월 국민의힘 선대위 정책자문단 경제분과 간사로 합류했다. 2022년 3월 말 퇴임이 예정돼 있는 이주열 한국은행 총재의 후임 인사 하마평에도 자주 오르고 있다.

강석훈 ∥ 성신여대 교수, 후보 비서실 정무실장

강석훈 전 청와대 경제수석은 1964년 경북 출생으로, 서라벌고, 서울대를 졸업하고 위스콘신매디슨대에서 경제학 석사와 박사 학위를 받았다. 강 전 수석은 대우경제연구소 금융팀장, 성신여대 교수, 한국재정학회 이사 등을 역임했고, 2012년에는 제19대 총선에서 서초구 선거구에 출마해 당선됐다.

강 전 수석은 지난 2012년 대선 당시에도 새누리당 대통령선거 대책위원회 실무추진단 부단장을 맡아 공약을 주도한 바 있다. 당시 박근혜 후보의 정책은 강석훈 의원에게 물어보라는 말이 나올 정도였다고 한다. 이 경험을 토대로 정권 초기 국정 전반을 그리는 대통령직인수위원회에 인수위원을 지내기도 했다.

공무원연금제도 개혁, 규제프리존특별법 발의 등 굵직굵직한 경제 현안에 참여하며 박근혜 정권의 경제정책 추진을 뒷받침했다. 의원 임기 만료가 얼마 남지 않았던 강 전 수석은 2016년 박 전 대통령의 부름을 받고 청와대 대통령비서실 경제수석비서관에 임명돼 정권 끝까지 직을 수행했다.

강 전 수석은 2021년 12월 국민의힘 선대위 인선에서 발탁됐고, 정책본부와는 별개 조직인 비서실 내 정무실장으로 임명되면서 윤 당선인 캠프에 합류해 정책 발굴과 조언에 힘썼다.

김경환 ‖ 서강대 교수

윤석열 정부의 부동산 정책을 지휘할 인물로는 김경환 서강대 경제학부 교수(전 국토교통부 1차관)가 꼽힌다. 김 교수는 1957년 서울 출생으로, 중앙고, 서강대를 졸업하고 프린스턴대에서 경제학 석사와 박사 학위를 취득했다. 《맨큐의 경제학》을 번역한 것으로 유명한 김 교수는 주택·부동산, 국토·도시 분야에 정통한 이코노미스트로, 부동산 시장 안정을 위한 대책으로 세제 및 규제 완화와 주택 공급을 줄곧 강조해왔다. 2021년 윤 당선인 정책자문단 경제 분과에 참여하면서 1호 공약인 부동산 정책을 만들었다.

김 교수는 한국주택학회장과 한국주택금융공사 선임 비상임이사, 건설교통부(현 국토교통부) 국민주택기금 여유자금운용 심의위원회 위원과 중앙도시계획위원회 위원, 서울시 도시계획위원을 거치며 정부 정책에 두루 관여하는 등 풍부한 실무 경험이 있다. 박근혜 정부 시절에는 대통령자문 국민경제자문회의 민생경제분과 민간위원을 지냈고, 2013년에는 국토연구원장으로 발탁돼, 국토·부동산 정책 싱크탱크로 역할을 수행했다. 2015년에는 국토교통부 전신인 건설교통부 출범 이후 민간 교수 출신 최초로 국토부 차관 자리에 올랐다.

매일경제신문의 명예기자를 지내기도한 김 교수는 2021년 11월 〈다주택자 억압했는데…무주택자가 고통 받는 이유〉라는 제목의 장문 칼럼에서 주택시장의 현실과 작동 기제를 인정하지 않고 1가구 1주택 달성 규범을 앞세운 다주택 보유 억제 정책이 집값 안정과 자가보유율 증대에 기여하지 못했음을 보여주는 분석을 내놓기도 했다. 그는 "다주택자의 임대주택 사업자로서의 역할을 인정하고 등록임대사업자에 대해 임대소득을 정상 과세하되 양도소득세와 종합부동산세 중과세를 재검토할 필요가 있다"며 "단순히 양도세율 추가 인상의 시행을 이연하는 수준을 넘어 다주택자 중과세, 임대소득 과세, 임대차보호법 등에 대한 종합적인 개선 방안을 하루빨리 모색하는 것이 바람직하다"고 견해를 밝힌 바 있다.

윤창현 ‖ 국민의힘 의원, 경제정책추진 본부장

　윤창현 국민의힘 의원은 윤석열 당선인 캠프의 금융정책 전반을 담당한다. 윤 의원은 1960년 청주 출생으로, 대전고, 서울대 경제학과를 졸업하고 시카고대에서 경제학 박사 학위를 취득했다. 금융과 거시경제 전문가로 평가받는 윤 의원은 서울시립대 경영학부 교수, 제7대 한국금융연구원 원장, 금융위원회 금융감독체계 선진화 TF 위원, 공적자금관리위원회 민간위원장 등으로 활동하면서 금융정책 수립에 활발히 참여해왔다.

　2019년 황교안 자유한국당 대표에 의해 영입된 윤 교수는 21대 총선 당시 비례 26번을 배정받았지만 황교안 대표가 반발하면서 2번으로 재배정됐고, 당선돼 정계에 진출했다. 후보 시절 "정치 논리가 경제를 압도해 정책에 반영되는 모습을 지켜보며 국회에 진출하기로 결심했다"고 밝힌 바 있다. 초선이지만 당의 부지런한 일꾼으로 평가받았던 윤 의원은 김종인 당시 당 대표가 직접 꾸린 경제혁신 특위부터 부동산정상화 특위, 옵티머스 펀드 사기사건을 다룬 사모펀드 특위, 윤미향 의원의 기부금 유용 의혹을 다루는 위안부할머니 피해 진상규명 TF, 이스타 진상규명 TF 등 당 특별기구 5곳에서 종횡무진 활동했다.

2021년 8월 윤석열 캠프에 합류한 윤 의원은 코로나19로 피해를 입은 소상공인 및 자영업자에게 실질적 도움이 되는 손실보상을 현실화 한다는 목표아래 50조 원 이상의 재정자금을 확보해 피해를 지원하겠다는 공약을 마련했다.

김현숙 ‖ 숭실대 교수, 희망찬 국가미래정책 본부장

저출산·보건의료 등 국가미래정책 분야는 김현숙 숭실대 경제학과 교수가 키를 잡는다. 1966년 청주 출생인 김 교수는 일신여고와 서울대를 졸업한 뒤 일리노이대에서 경제학 박사 학위를 취득했다. 한국개발연구원KDI 연구원으로 커리어를 쌓기 시작한 김 교수는 한국조세연구원 연구위원을 거쳐 숭실대 경제학과 교수를 지냈다.

2012년에는 제19대 총선에 새누리당 비례대표 후보로 출마해 당선됐고 박근혜 정부에서 대통령비서실 고용복지수석을 지냈다. 김 교수는 고용·노동·여성·복지 분야에서 전문성을 갖고 있다는 평가를 받는다. 한때 문형표 전 보건복지부 장관의 후임 하마평에 오르기도 했었다. 선대위 내부에서는 정책을 실질적으로 조율하는 역할을 담당했다는 후문이다.

안상훈 ‖ 서울대 교수, 지속가능한 복지국가 정책본부장

윤 당선인의 복지 공약을 설계한 인물은 바로 안상훈 서울대 사회복지학과 교수다. 안 교수는 1992년 서울대를 졸업하고 스웨덴 웁살라대에서 박사 학위를 취득한 복지국가 전략·비교사회정책 분야 전문가다.

김기춘 전 대통령비서실장의 사위로도 알려져 있는 안 교수는 보건복지부 정책자문위원, 주요정책과제 평가위원으로 활동했고, 2013년에는 제18대 대통령직인수위 고용복지분과 인수위원으로도 참여했다. 현재는 서울대 사회과학연구원장직을 맡고 있다.

그는 전 국민에게 현금을 살포하는 선심성 현금 복지가 아닌, 보육과 교육 등 서비스 복지에 집중해야 관련 일자리가 창출돼 경제

성장을 도모할 수 있다는 주장을 지속해오고 있다.

유럽의 협동조합 등 선진국의 복지시스템에 대한 이해가 깊다는 평가를 받는 안 교수는 대선 과정 동안 윤 당선인 캠프 안에서 지속가능한 복지국가 정책본부장을 맡아 고용·노동·기후환경·소득·사회서비스 등 복지 공약 전반을 만들어냈다.

정기석 ‖ 한림대 의료원장, 코로나위기대응위원장

정기석 한림대 의료원장(전 질병관리본부장)은 1958년 대구 출생으로, 경북고, 서울대 의대를 졸업하고 내과 전문의 자격을 취득했다. 1993년 동 대학원에서 박사 학위를 취득한 뒤 한림대학교 교수로 재직했다. 2012년부터 한림대학교성심병원장을 지냈으며, 박근혜 정부 시기인 2016년 1월부터 2017년 7월까지 제6대 질병관리본부장을 지냈다.

2021년 윤석열 캠프에 합류한 정 원장은 선대본에서 코로나위기대응위원장으로 활동하며 문재인 정부를 향해 "현 정부 방역은 비과학적"이라고 비난했다. 영업시간 제한, 모임 허용 인원수를 정하는 기준이 모호하다는 입장이다. 그는 또 코로나 발발 초기 병상

부족 사태에 대해서도 컨트롤타워 부재가 이를 초래했다고 지적했으며, 추후 보건부를 독립해 방역을 총괄토록 하고 질병관리청은 지청을 설립, 실무적인 역할을 강화해야 한다고 주장했다.

이미 박근혜 정부에서 질병관리본부장을 지냈던 전문가인 만큼 윤 당선인이 질병관리청장이나 보건복지부 장관에 임명할 수 있다는 시각이 나오고 있다.

•••

윤희숙 ‖ 전 국회의원

2020년 7월 국회 본회의에서 "나는 임차인입니다" 연설로 순식간에 주목을 받은 윤희숙 전 의원은 국민의힘 선대위 해체 후 선대본에 참여하지는 않았지만 추후 윤 당선인의 부름을 받을 가능성이 있다.

윤 전 의원은 1970년 서울 출생으로, 영동여고, 서울대를 졸업하고 컬럼비아대에서 경제학 박사 학위를 취득했다. 이후 한국개발연구원KDI 연구위원으로 재직하며 재정, 소득, 노동, 복지 등의 분야에서 연구 경력을 쌓았고, 재정복지정책연구부장, KDI 국제정책대학원 교수를 지내는 등 입지를 다졌다.

윤 전 의원은 2020년 미래통합당에 영입돼 공천을 받고 21대

국회의원에 당선됐고, 같은 해 7월 국회 자유발언 시간에 문재인 정부의 '임대차 3법'에 대해 비판을 가해 상당한 화제와 함께 호평이 잇따랐다. 그러나 2021년 8월 권익위 조사로 부친이 농지법 위반 의혹을 받자 의원직을 사퇴했다.

2021년 12월 윤석열 후보 선대위에 참여하고 '내일이 기대되는 대한민국 위원회' 위원장직을 맡았지만 2022년 1월 선대위가 개편될 당시 "광야에서 정권교체를 외치겠다"고 밝힌 뒤 선대본에 참가하지 않았다.

PART 3

한눈에 보는
윤석열노믹스 공약집

코로나19 극복, 회복과 도약

• 소상공인·자영업자 살리기

- 소상공인·자영업자 코로나19 손실보상
- 코로나19 극복을 위한 긴급구조플랜 즉각 가동
- 대통령 직속 '코로나 긴급구조 특별본부' 설치
- 임대료 나눔제 추진
- 전통시장 활성화 지원
- 관광업계 피해 회복 적극 지원

• 감염병 대응체계 강화

- 코로나19 대응체계 집권 100일 내 전면 개편
- 공공정책수가 적용 등 필수의료 국가책임 강화
- 코로나19 백신 접종 부작용 국가책임제 추진
- 백신·치료제 강국 도약

행복경제시대, 성장과 복지의 선순환

• 좋은 일자리

- 역동적 혁신성장으로 양질의 일자리 창출
- 자영업자·플랫폼 노동자 지원 강화
- 청정에너지 세계 탑3 기술강국 실현으로 고급 일자리 창출
- 산업전환 과정에서 중장년 고용위기 대응 강화
- 고용서비스 혁신으로 구인·구직난 해소

• 규제혁파

- 규제 혁신과 과감한 지원으로 신산업 육성

- 디지털 금융혁신 위한 금융규제 개선

- 세계 기업 환경에 맞게 기업 관련법 정비 및 활력 제고

• 금융선진화

- '코인' 개미투자자의 디지털 자산 안심투자 환경 마련

- 1천만 투자자 살리는 자본시장 선진화

- 금융소비자 보호 및 권익 향상 강화

• 중소·벤처기업 육성

- 중소·벤처기업 성장사다리 복원

- 벤처기업 스톡옵션제 개선

- 중소기업 물류대란 해결

- 중소기업 금융지원 강화

- 중소기업 가업승계 지원 강화

- 중소·벤처기업 ESG 경영지원 강화

- 중소·중견기업 맞춤형 디지털 전환 지원

- 중소기업 경쟁력 강화 대책 마련

• 경제 활력

- 반도체 초강대국 달성

- 요소수 등의 세계 공급망 종합 점검 및 대책 마련 위한 시스템 확립

- 모태펀드 규모를 대폭 확대해 청년·여성 창업지원

- 해운·조선산업 성장 통해 신해양강국 재도약

- 국내 복귀 기업 세액감면 요건 완화

- 디지털 통상전략을 강화해 통상환경 변화에 적극 대응

• 촘촘하고 두툼한 복지

- 근로장려세제 대상 및 지원금 확대
- 생계급여 대상자 및 지원금 확대
- 어려울 때 도움 주는 국민안심지원제도 시행
- 사회복지시설의 디지털화
- 사회복지종사자 처우 개선
- 개인기부자 세액공제 한도 상향

• 주거복지

- 서민·중산층의 주거비 부담 경감
- 주거 취약계층의 안정적 주거환경 보장

공정과 상식의 회복, 대한민국 정상화

• 공정사회

- 부모찬스 없는 공정한 대입제도 마련
- 공정한 채용기회 보장, 채용비리 근절
- 노동권 보호 및 사각지대 해소
- 일하면서 공부할 수 있는 미래형 로스쿨 도입
- 시민단체 공금유용 및 회계부정 방지
- 공정거래 관련법 집행체계 개선
- 납품단가 제도 개선 및 제값 받는 환경 조성
- 장애예술인의 공정한 활동 기회 보장

• 부동산 정상화

– 수요에 부응하는 충분한 주택 공급

– 재개발 · 재건축 · 리모델링 활성화로 수요 맞춤형 공급 확대

– 1기 신도시 재정비, 양질의 주택 공급

– 소규모 주택 정비 활성화해 거주환경 개선

– 주택임대시장 정상화, 임차인의 주거안정 강화

– 공공임대주택과 함께 민간임대주택 활성화

– 공시가격 환원하고 부동산 세제 정상화

– 주택대출규제 완화, 다양한 주택금융제도로 주거사다리 복원

– 외국인 주택투기 방지, 국민 거주권 보호

• 미디어 개혁

– 부당한 언론 개입 NO! 자유로운 언론환경 YES!

– 공영방송 공정성 강화

– 미디어 및 콘텐츠 산업 진흥을 위한 전담기구 설치

• 노동 개혁

– 근로자와 경영진에게 모두 유리한 근로시간 유연화 실현

– 대화와 타협으로 상생의 노사관계 추진

– 세대 상생형 임금체계로 개선

– 시간선택형 정규직 시행, 근로시간 선택지 다양화

• 연금 개혁

– 국민 모두를 위한 상생의 연금개혁 추진

따뜻한 동행, 모두가 행복한 대한민국

● 우리아이

- 국가가 함께 키우는 아이돌봄서비스 강화
- 영유아, 초등학생 돌봄서비스 통합 AI플랫폼 구축
- 영유아 친환경 급식 제공 및 영아반 교사 아동비율 축소
- 영유아 건강검진에 정서발달 검진 추가
- 영유아 발달 전문가를 어린이집과 유치원에 파견
- 소아청소년 중환 및 응급질환 24시간 전담전문의 안심진료 확대
- 보육시설 알레르기 대처 인력 확대 배치
- 어린이집과 유치원 교사 처우 개선 및 단계적 유보통합 추진
- AI교육으로 미래형 인재 육성
- 초등전일제 교육실시 및 초등돌봄 저녁 8시까지 확대
- 초중고 미세먼지와 바이러스 제거용 정화기 설치
- 선생님 업무 부담 경감, 아이들 학습권 보장
- 아동학대 방지 위한 전방위 시스템 구축

● 청소년

- 입시비리 암행어사제, 원스트라이크 아웃제 등 부모찬스 없는 공정한 대입제도
- 대학수학능력시험으로 선발하는 정시모집 인원 비율을 확대하고 대입전형 단순화
- 청소년기부터 여성 생식건강 증진
- 남성도 청소년(12세부터) 인유두종바이러스HPV 백신 국가 무료 접종 실시
- 소아청소년 건강검진 통합 프로그램 구축
- 스쿨폴리스, 학교 전담 경찰관 제도 개선
- 학교 밖 청소년 신속·통합 지원체계 구축
- 보호종료아동 홀로서기에 대한 정부 책임 강화
- 특성화고 등을 통해 실무 중심 직업교육 강화, 고숙련 전문 인재 양성

● 청년

– 청년원가주택 30만 호, 역세권 첫집 주택 20만 호 공급

– 청년, 신혼부부 전세대출 및 대출이자 상환 지원

– 불합리한 청약제도 개선해 내 집 마련의 꿈 복원

– 청년 학자금대출 취업후상환제도 취업준비생까지 확대

– 공정채용법 제정 통한 공정한 채용기회 보장, 채용비리 근절

– 최종면접자 자율피드백 의무화

– 소득 있는 청년의 중장기 재산 형성 돕기 위한 청년도약계좌 도입

– 청년농직불제 도입 등 청년농 3만 명 육성 종합대책 마련

– 일하면서 공부할 수 있는 미래형 로스쿨 도입

– 미래지향적 대학발전 생태계 조성

– 대학 중심의 스타트업 열풍 조성

– 병사 월급 200만 원 보장

● 엄마아빠

– 출산 후 1년 간 부모급여 월 100만 원 지급

– 육아휴직 부부 합산 총 기간(2년→3년) 및 배우자 출산휴가(10일→20일) 확대

– 난임 치료비 지원 및 휴가 기간(3일→7일) 확대

– 임신·출산과 직접 연관성이 있는 모든 질병의 치료비 확대

– 산후조리원 지원 확대

– 육아종합지원센터 통해 부모 역량 지원 역할 강화

– 아이돌보미 이용 가족을 모든 영유아 및 초등학생 가족으로 확대

– 등·하원도우미 소득공제 추진

– 초등전일제 교육 실시 및 초등돌봄 저녁 8시까지 확대

– 일하는 부모의 육아 재택근무 도입, 근로시간 단축청구권 실질적 보장

• 어르신

- 기초연금 월 10만 원 인상(30만 원→40만 원)

- 65세 이상 대상포진 백신 무료 접종

- 100세 사회 건강·주거·문화서비스 기반 조성

- 주택 다운사이징 통해 실버 세대의 안정적 노후 생활 지원

- 모든 국민의 평생학습 기회 보장

- 시니어 친화형 스포츠 기반 확대

- 노인요양시설에 미세먼지와 바이러스 제거용 정화기 설치

- 요양, 간병 등 가족돌봄 휴가·휴직 기간 확대 및 간병비 부담 완화

- 디지털 취약계층 위한 디지털 문제 해결센터 구축

- 장수사진 1회 무료 촬영

• 장애인

- 4차산업형 장애인 인재 육성 및 고용 기회 확대

- 장애인 이동·교통권 보장, 편의시설 확대

- 장애인 대상 재난 안전 정보 제공 의무화

- 장애인의 방송·문화·체육 이용 환경 확대

- 장애인 개인예산제 도입

- 발달 지연·장애 영유아와 가족에게 국가 조기 개입 서비스 제공

- 장애인 문화예술 활동 지원 강화

- 장애인 건강주치의 제도 활성화 등 장애인 의료지원 확대

- 장애예술인에게 제약 없는 공정한 활동 기회 보장

• 다문화가족

- 다문화가족 영·유아에 대한 교육 및 돌봄 강화

- 양육·돌봄을 위한 조부모 비자 발급 개선

- 부모 출신 국가의 다문화 자녀 귀국 및 교육 지원

- 다문화청소년 맞춤형 진로지도

- 다문화청년 세계 인재 양성 시스템 구축

- 학교폭력 사건에서 불이익이 없도록 지원 강화

- 국제 시대 문화 융합을 통한 다문화 수용성 제고

• 양성평등

- 채용부터 퇴직까지 성별근로공시제 실시

- 양육비 이행 조치 강화

• 반려동물

- 표준수가제 도입 등 반려동물 보호 및 지원 확대

당당한 외교, 튼튼한 안보

• 남북관계 정상화

- 북한의 완전한 비핵화 실현

- 남북관계 정상화와 공동번영 추진

- 국민 합의에 기초한 통일 방안 추진

- 북한인권재단 조속히 설립

- 북한이탈주민 정착지원제도 전면 개편

• 국익우선외교

- 한·미 포괄적 전략동맹 강화

- 상호존중에 기반을 둔 한·중 관계 구현

- 한·일 김대중-오부치 선언 2.0 시대 실현

- 한·러 협력의 미래 지평을 확대

- 지역별로 특화된 세계 협력 네트워크 구축

- 경제안보 외교 적극 추진

- 국무총리 직속 신흥안보위원회ESC 설치

- 국격에 걸맞은 세계 기여 외교 실천

- 재외동포청 신설

- 사이버안보 시스템 구축

• 튼튼한 안보국방

- AI 과학기술 강군 육성

- 한미 군사동맹 강화 및 북핵·미사일 강력 대응

- 미래세대에 맞는 병영체계 구축

- 민군상생 복합타운 조성

- 국가를 위해 희생한 분들이 분노하지 않는 나라 실현

• 일류보훈

- 국가유공자 보훈보상체계 개편

- 보훈 사각지대 해소

- 국가유공자 의료지원 사각지대 해소

- 제대군인의 신속한 사회 복귀를 위한 실질적인 지원 대책 추진

담대한 미래, 자율과 창의가 존중되는 나라

• 희망사다리교육

- AI교육으로 미래형 인재 육성
- 선생님 업무 부담 경감, 아이들 학습권 보장
- 실무 중심 직업교육 강화, 고숙련 전문 인재 양성
- 미래지향적 대학 발전 생태계 조성
- 대학 중심의 스타트업 열풍 조성
- 청년부터 중장년까지, 과학기술 인재를 체계적으로 양성
- 모든 국민의 평생학습 기회 보장
- 전 국민의 생애단계별 직업능력개발 및 경력개발 지원
- 중소기업 맞춤형 직업훈련 지원

• 과학기술 선도국가

- 초격차 · 초연결 · AI 혁신으로 과학기술 5대 강국으로 도약
- 디지털 지구 시대의 디지털 경제 패권국가 대한민국
- 주력 산업 발굴 · 육성으로 경제 성장과 일자리 창출
- 기초과학 연구에 대한 투자 확대와 제도 혁신
- 국가 R&D 설계 개편
- 메타버스 산업 국가 지원 체계 마련
- 7대 우주강국으로 도약

• 문화예술체육강국

- 전 국민 문화향유시대 구축
- 문화예술인 맞춤형 지원 확대
- K-컬처를 세계 문화의 미래로

- K-컬처 스타트업 지원

- 전통문화유산을 미래 문화자산으로 보존

- e스포츠를 대한민국 미래 산업으로

- 자유롭게 스포츠를 향유할 국민 스포츠권 보장

- 건강한 전문체육 시스템 구축, 체육 재정 확대

- 전국 차박 명소 1만여 개 발굴 및 개방

맑고 깨끗한 환경, 탄소중립을 도약의 계기로

• 탄소중립 실현

- 탄소중립을 적극 추진하고 필수 에너지복지 확대

- 탄소저감 R&D 및 투자 확대 등 기후위기 대응 지원 강화

• 기후환경위기 대응

- 미세먼지 30% 이상 감축, 하늘을 다시 맑고 푸르게

- 지속가능한 산림자원 육성

- 사전예방적 관리로 걱정 없는 물 서비스 제공

- 생물다양성을 보전하여 지속가능 발전 도모

- 쓰레기 처리를 매립과 소각 중심에서 열분해 방식으로 전환

• 원자력 발전

- 탈원전 정책 폐기하고 신재생에너지와 원자력을 조화시켜 탄소중립 추진

- 국민과 함께하는 원자력 정책 추진

- 한미원자력동맹 강화, 원전수출 통해 일자리 10만 개 창출

- 차세대 원전 및 원자력 수소 기술 적극 개발

안심 대한민국, 모두가 안전한 나라

• 국민안전

- 산업재해 취약 부문에 대한 산업재해 예방 강화
- 신속·정확한 디지털 국가재난관리체계 구축
- 부실시공 근절, 안전한 건설 현장 조성
- 해양영토 주권 수호
- 연안재해 및 해상사고 사전에 예방
- 친환경적이고 안전한 해양수산업 육성

• 안심먹거리

- 국민에게 안전한 먹거리 제공, 미래 식품산업 적극 육성

• 범죄예방·피해구제

- 범죄 피해자 보호·지원 관련 모든 제도를 피해자 중심으로 전환
- 흉악 범죄로부터 국민을 확실하게 보호
- 권력형 성범죄 근절
- 무고죄 엄벌, 거짓말 범죄 피해자 구제책 마련

• 국민건강지킴

- 재난적의료비 지원 확대
- 국민의 간병비 부담 완화
- 아플 때 쉴 수 있도록 한국형 상병수당 도입
- 지역의 부족한 응급·필수의료, 의료 인력 확보
- 의료·돌봄 맞춤형 커뮤니티 헬스케어 제공
- 고가의 항암제 및 중증·희귀질환 신약 신속등재제도 도입
- 정신건강 복지서비스 확대

• 지역경제활성화

- 5대 광역 메가시티와 스마트 강소도시를 연계해 육성
- 권역별 세계혁신특구를 조성해 지역 일자리 창출
- 지방 과학기술 주권 시대 개막으로 지역 자생력 강화
- 지역 중-고-대학 연계 육성으로 지방대학 발전 생태계 조성

• 건강한 지방자치

- 이주활성화지역 지정 통해 지방 소멸 방지
- 지역별 문화 격차 해소 통해 지역 중심 문화자치시대
- 이장·통장 법적 근거 마련 및 '특화발전지원 수당' 신설

• 교통혁신

- 수도권 어디서나 30분 출퇴근 시대
- 교통 플랫폼 혁신으로 교통 사각지대 해소
- 지역 고속도로 휴게소를 환승 허브 및 지역경제 활성화 타운으로 개발

• 농산어촌 발전

- 농업직불금 확대해 중소가족농 두텁게 지원
- 디지털 혁신과 탄소중립으로 농업의 새로운 가치 창출
- 농지 보전을 통한 식량주권 강화
- 농어민들의 경영 부담 경감
- 의료·교육·복지 여건을 개선해 농어촌 맞춤형 사회안전망 구축
- 환경 친화적 축산업 적극 육성 및 가축전염병 철저 예방
- 어업인의 소득을 높이고, 삶의 질을 향상

국정혁신, 디지털플랫폼 정부

• 정부혁신

– 국정운영 방식 대전환으로 '국민과 함께하는 대통령' 실현

– 국가재정 관리를 위한 재정준칙 도입

– 여성가족부 폐지, 다양한 사회적 문제에 대응할 수 있는 부처 신설

• 디지털플랫폼 정부

– 스마트하고 공정하게 봉사하는 대한민국 디지털플랫폼 정부

• 사법개혁

– 전문법원 설치 확대를 통한 국민 맞춤형 사법서비스 제공

– 국민의 법무·검찰, 국민이 안심하는 사회 실현

– 공수처, 고위공직자 부패수사기관으로 정상화

– 경찰 처우 개선 통해 치안역량 강화

– 국민의 ONE-STOP 권리구제를 위한 통합행정심판원 설립

– 종합 법률구조기구 설립, 사회적 취약계층에게 양질의 사법서비스 제공

PART 4

선진국
도약의 조건

선진국
도약의 조건

새 대통령이 지향하는 선진국, 국민은 이렇게 생각한다

윤 당선인은 선거 기간 정치, 사회, 문화 현장을 연달아 돌아다니며 한국의 역량을 선진국 반열에 올려놓겠다고 약속했다. 앞으로 우리 사회가 선진국으로 가는 길을 잘 닦아놓으려면 현재 한국의 선진국 좌표가 어디인지, 또 국민들은 '선진한국'에 대해 어떤 생각을 갖고 있는지 살펴보는 게 순서다.

팬데믹 위기가 여전한 가운데 첨단 기술안보, 제조업 공급망을 놓고 미·중 패권경쟁이 격화하고 있다. 여기에 2022년 초부터 러시아가 우크라이나를 침공하며 자원 부국 간 지정학적 위기에 글로벌 원자재 가격도 급등하고 있다. 전 세계가 혼란기에 빠진 가운데 한국이 외연은 넓히고 내실을 다지며 선진국으로 도약해야 하는 난제를 떠안은 셈이다.

이에 매일경제는 우리나라가 새 대통령을 맞이하는 2022년 초 성인 남녀 1,000명과 우리 사회 각계 오피니언 리더 20명을 대상으로 설문조사에 나섰다.

대내외 도전은 더 거세졌지만 희망은 있다. 우리 국민 71.8%는 "대한민국은 이미 선진국"이라며 우리 스스로의 저력에 대해 강한 자부심을 갖고 있는 것으로 조사됐다. 한국이 아직 선진국이 아니라는 반응은 28.2%에 그쳤다. 우리나라가 선진국이라고 답한 국민들은 발달된 교육·의료 체계와 디지털 인프라스트럭처(30.2%), 삼성, 현대차 등 세계적 기업의 성장(24.9%), 상대적으로 높은 1인당 국민총소득(15.6%) 등을 주요 이유로 손꼽았다.

국민들은 2021년 코로나19 국면 속에서도 가계와 기업이 분투하며 경제 선진국 위상을 굳힌 데 좋은 평점을 줬다. 산업통상자원부와 한국무역협회에 따르면 2021년 수출은 사상 최대인 6,400억 달러를 기록하며 무역 규모 1조 2,000억 달러로 세계 10위 반열에 올랐다. 한국은행이 연간 수치로 환산한 명목 국내총생산GDP은 2021년 기준 2,022조 원으로 마찬가지로 세계 10위권에 오른 것으로 평가됐다. 물가 수준을 반영한 1인당 경상 국내총생산은 이미 2018년 4만 3,001달러를 기록하며 일본(4만 2,725달러)을 따라잡았다.

2021년 7월 유엔무역개발회의UNCTAD가 1964년 조직 창설 이후 최초로 한국의 지위를 개발도상국에서 선진국으로 바꿨고 세계를 휩쓸고 있는 K-컬처, 한국 문화 파워가 전 세계를 흔든 쾌거도 국민 인식에 영향을 미친 것으로 해석된다. 권태신 한국경제연구원장은 "경제 여건 등 하드웨어적인 측면만 놓고 보면 한국은 주요 10개국$_{G10}$에서 빼놓을 수 없게 됐다"며 "한국이 역사상 선진국에 가장 가까이 다가섰다"고 말했다.

특히 차기 우리 사회 주축인 MZ세대(1980년~2000년 초반 출생자)가 우리나라가 선진국이라는 자부심이 더 높다는 대목이 희망적이다. 우리나라가 선진국이라고 답한 20대는 81.7%로 전 연령대를 통틀어 선진국이라고 응답한 비율이 가장 높았고 30대가 78.1%로 뒤를 이었다. 반면 40대 74.6%, 50대 68.2%, 60대 이상은 63.2%로 나이가 들수록 한국을 선진국으로 보는 데 인색한 것으로 조사됐다. 직업별로 따져도 2030세대가 선진국에 대한 인식이 강했다. 학생과 취업준비생이 한국이 선진국이라는 응답이 82.9%로 가장 높았고 직장인(73.7%), 개인사업자(66.9%)가 뒤를 이었다.

이필상 전 고려대 총장은 "경제 성장을 이룩한 이후 사회생활을 시작한 MZ세대들은 이미 한국을 선진국으로 보는 흐름이 강하다"며 "반면 50대 이상 베이비부머들은 급격한 산업화 과정에서 각종 사회 부작용을 직접적으로 경험하며 한국이 선진국이라는 인식이 상대적으로 낮은 것"이라고 말했다. 그는 "MZ세대가 한국이 선진국이라는 자부심이 크다는 것은 향후 미래 한국을 개척하는 데 중요한 원동력이 될 수 있다"며 "이 같은 긍정적인 에너지를 활용해 한국이 더 높은 수준의 질적 발전을 이끌어낼 필요가 있다"고 강조했다.

우리나라를 선진국으로 본 국민 가운데 30.2%는 다른 나라에 비해 발달된 의료·교육 체계와 디지털 인프라스트럭처를 한국의 최대 강점으로 꼽았다. 2021년 코로나19 경기 타격 속에서도 연간 사상 최대 수출을 일군 대표 기업들을 자랑스럽게 보는 시각도 많았다. 한국을 선진국 반열에 올린 국민 24.9%는 "삼성, 현대차 등 세계적인 기업의 성장 등의 이유로 한국을 선진국으로 본다"고 대답했다.

매경 선진국 관련 대국민 설문조사(2022년)

한국이 선진국인지에 대한 국민평가

(단위: 응답률, %)

한국을 선진국으로 본 연령대별 국민비율

(단위: 응답률, %)

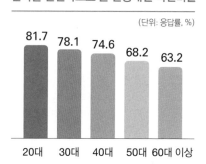

한국을 선진국으로 본 이유

(단위: 응답률, %)

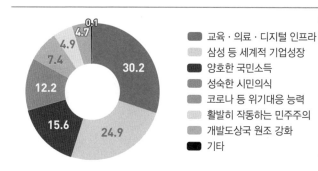

- 교육 · 의료 · 디지털 인프라
- 삼성 등 세계적 기업성장
- 양호한 국민소득
- 성숙한 시민의식
- 코로나 등 위기대응 능력
- 활발히 작동하는 민주주의
- 개발도상국 원조 강화
- 기타

다른 선진국 대비 한국의 부문별 평점

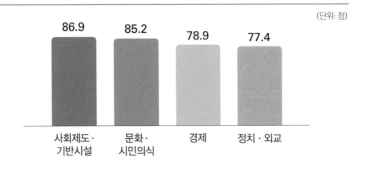

(단위: 점)

86.9 — 사회제도 · 기반시설
85.2 — 문화 · 시민의식
78.9 — 경제
77.4 — 정치 · 외교

*미국 · 유럽 · 일본을 100점으로 봤을 때 한국의 평점

선진국 위상 강화 위한 과제

(단위: 응답률, %)

(1) 사회제도 · 기반시설 부문

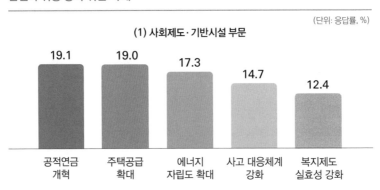

19.1 — 공적연금 개혁
19.0 — 주택공급 확대
17.3 — 에너지 자립도 확대
14.7 — 사고 대응체계 강화
12.4 — 복지제도 실효성 강화

*응답률 상위 5개 과제만 정리

(2) 문화 · 시민의식

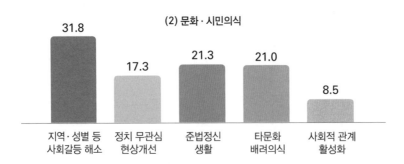

31.8 — 지역 · 성별 등 사회갈등 해소
17.3 — 정치 무관심 현상개선
21.3 — 준법정신 생활
21.0 — 타문화 배려의식
8.5 — 사회적 관계 활성화

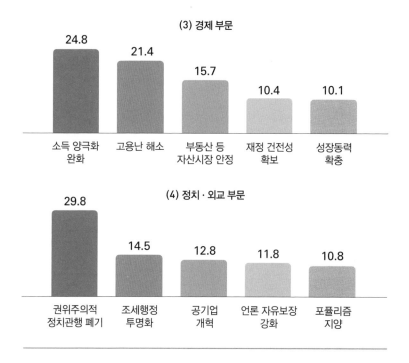

(3) 경제 부문

24.8	21.4	15.7	10.4	10.1
소득 양극화 완화	고용난 해소	부동산 등 자산시장 안정	재정 건전성 확보	성장동력 확충

(4) 정치 · 외교 부문

29.8	14.5	12.8	11.8	10.8
권위주의적 정치관행 폐기	조세행정 투명화	공기업 개혁	언론 자유보장 강화	포퓰리즘 지양

1인당 국민총소득GNI 3만 달러가 넘고 인구 5,000만 명 이상인 이른바 '30·50클럽'에 들었다는 점을 높이 평가하는 시각(15.6%)이 뒤를 이었다. 전 세계적으로 30·50클럽에 포함된 나라는 한국을 비롯해 미국, 일본, 영국, 프랑스, 독일, 이탈리아 등 7개국에 불과하다.

다만 극심한 사회적 갈등과 후진적 정치 행태가 선진국으로 가는 길목에 족쇄가 됐다는 비판도 나왔다. 새 대통령이 탄생하는 과정에서 사회갈등이 극심해진 가운데 현 정치권이 유념해야 할 대목이다.

우리나라가 선진국이 아니라고 응답한 국민(28.2%)은 2021년 자산 가격 급등 등으로 더 벌어진 계층 간 소득 양극화와 불평등을 가장 큰 문제(27.2%)로 인식했다. 사회적 경쟁 대열에서 뒤쳐진 취약계층을 보듬기 위한 복지 제도는 여전히 미흡하다는 반응(15.3%)이 뒤를 이었다. 빈번한 사회갈등이 문제라는 대답(14.1%)도 많았다.

우리나라가 아직 선진국이 아니라고 본 국민 가운데 10명 중 6명(61.7%)은 소득 양극화 같은 약점을 극복하지 못하면 앞으로 10년이 넘어도 한국이 선진국 반열에 오르지 못할 것으로 우려했다.

후진적인 정치 토양이 극복해야 할 우선 과제로 손꼽혔다. 미국, 유럽 등 해외 선진국을 100점으로 봤을 때 우리나라를 평가한 점수에서 정치·외교 부문(77.4점)은 가장 저조한 평점을 받았다.

국민 29.8%는 "공직자 책임의식을 대폭 강화하고 권위주의적인 정치 관행을 폐기할 필요가 있다"고 입을 모았다. 재정집행과 조세행정 절차가 보다 투명해져야 한다는 반응(14.5%)과 언론에 재갈 물리지 말고 국민의 알권리 등을 더욱 강화해야 한다는 응답(11.8%)이 뒤를 이었다.

해외 선진국과 비교해서는 경제 평점(78.9점)도 상대적으로 저조한 편이었다. 소득과 자산 양극화 해소(24.8%)와 경직적 노사관계를 풀고 고용난을 완화해야 한다는 지적(21.4%)이 많았다. 주식, 부동산 등 자산시장 안정성을 강화해아 한다는 목소리도 15.7%로 많았다.

반면 철도, 항만, 상하수도를 비롯한 기반 시설과 교육, 의료, 주거환경 인프라스트럭처는 86.9점으로 가장 높은 평가를 받았다. 국민들은 사회 구성원의 책임의식과 문화 경쟁력과 같은 사회·문화 부문에서도 85.2점으로 상대적으로 후한 점수를 매겼다.

이번 조사는 매일경제 의뢰로 여론조사 전문기관 모노리서치가 2021년 12월 17일에서 23일까지 만 18세 이상 남녀 1,000명을 대상으로 온라인 설문 방식으로 진행했다. 표본오차는 95% 신뢰수준에서 ±3.1%다.

전문가들 시각도 크게 다르지 않다. 매일경제가 취재한 오피니언리더 20명은 대한민국의 경제 수준이 이미 선진국에 도달했다는 사실에 이견이 없었다. 대한민국은 한국전쟁의 잿더미를 극복하고 반세기 만에 세계 10위 경제대국으로 우뚝 섰으며 경제협력개발기구 역사상 원조 수혜국에서 지원국으로 전환한 첫 국가라는 점에 큰 점수를 줬다.

그러나 커진 덩치에 비해 의식 수준은 아직 선진국에 미치지 못한다는 점도 공통된 평가였다. 정치적·사회적 갈등 해결 능력과 민주적 사고방식, 시민의식의 부재로 우리 사회 전반에 극렬한 이념적 정치 투쟁이 만연하고 경제 불평등과 성별·나이 등에서 비롯되는 양극화 문제가 갈수록 심화되고 있다는 지적이다. "하드웨어는 선진국이지만 소프트웨어는 중진국"이라는 자조 섞인 이야기가 나오는 대목이다. 특히 상대방을 인정하지 않는 독단적 사고와 공존을 거부하는 후진적 행태를 보이는 한국 정치는 진정한 선진국으로 도약하는 데 최대 걸림돌이다. 김준영 성균관대 이사장은 "정치 후퇴가 한국의 경제와 사회 발전을 막고 있다"고 진단했다. 그는 "사회 분열과 갈등의 정도가 높은 나라는 결코 선진국이 될 수 없다"며 "정치政治가 협치를 통해 정치正治로 바뀌어야 초일류 국가로 도약할 수 있다"고 말했다.

김태유 서울대 명예교수는 "여와 야, 또는 진보와 보수는 국가 발전을 추진하는 서로 다른 경로일 따름"이라면서 "정치 세력들이 강대강의 극한 대립으로 치닫는 것은 올바른 국가 발전 원리에 대한 사회적 공감대가 없기 때문"이라고 지적했다.

경제적 양극화 심화가 한국의 사회주의적 경향을 높여 포퓰리즘으로 빠질 수 있다는 경고도 나왔다. 김정식 연세대 명예교수는 "부동산 가격이 급격히 뛰는 반면 일자리는 줄어들면서 자산·소득 불평등이 모두 심화하고 있다"며 "이로 인해 사회주의적 경향이 높아지면서 초일류 국가로 도약하는 데 장애물이 되고 있다"고 말했다. 그는 한국의 '남미화'를 우려했다. 대부분의 남미 국가들이 양극화 심화와 포퓰리즘으로 인한 재정적자에 시달리다가 사회주의를 채택했기 때문이다. 김 교수는 "한국은 초일류 국가로 도약할 수 있는 교육과 기술 수준 등을 보유하고 있음에도 정치적 성숙도가 낮아 포퓰리즘이 성행할 수 있으며 뚜렷한 산업정책 비전이 없다는 점이 문제"라고 지적했다.

공정과 정의의 가치가 우리 사회에서 무너지고 있는 점에 대해 우려하는 비판도 높았다. 허용석 현대경제연구원장은 "우리 사회에서 가장 예민한 이슈 중 하나인 부동산과 관련해 공공부문에서 정보 비대칭성을 이용해 사적인 이익을 쟁취한 사례가 발생했다"면서 "정부의 정책 의사 결정 및 집행 처리 과정 내 디지털 전환 등을 가속화해 투명성과 효율성을 높이는 것이 필요하다"고 말했다.

전문가들은 이 같은 저조한 갈등 해결 능력과 공동체 의식 퇴색의 원인이 경쟁만 강조하는 교육시스템에 있다고 입을 모았다. 경쟁만 강조하는 교육체계에서는 자기의 이해를 연대적으로 타협할 자세를 갖추기 어렵고 손해를 보고 있는 사람의 입장을 고려해 때에 따라서는 우선권을 줄 수 있는 배려도 함양하기 어렵기 때문이다. 김인철 성균관대 명예교수는 "경제가 발전하고 소득이 높아질수록 시민의식도 그만큼 향상되고 선진화되어야 한다"면서 "내 자신의 자유가 귀중한 것처럼 남의 자유도 귀중하게 여기는 시민의식을 어릴 때부터 집에서나 학교에서 가르쳐야 한다"고 당부했다.

김흥종 대외경제정책연구원장은 "어렸을 때뿐만 아니라 성인이 되어서도 선진국 시민으로서 타인에 대한 배려와 지역사회에 대한 헌신과 공동체 의식, 국제사회에 대한 책임감을 함양할 수 있도록 지속적으로 교육해야 한다"고 말했다.

다양한 시각으로 바라보고 비판적 사고로 건설적인 논쟁을 할 수 있도록 정치교육원 등 사회정치 교육시스템이 필요하다는 주장도 제기됐다. 독일에서 수학한 김상철 한국재정정책학회장은 독일의 사회정치 교육시스템을 롤 모델로 꼽았다. 통일 전 서독은 제

2차 세계대전이 끝난 이후 나치즘 청산·전체주의 방지·민주시민 육성을 목적으로 1952년 '연방정치교육원'을 설립했다. '연방정치교육본부설치법'이라는 별도의 법률에 따라 운영 중인 연방정치교육원은 정치적 영향력에서 독립된 기관이다.

각 주 정치교육원과 수백 개의 각종 사설 정치 교육기관 등과 밀접하게 연관되어 있으며, 독일 성인의 정치 교육기관을 총괄하고 있다. 독일 통일 전에는 민주시민으로서의 소양을 갖춘 바탕에서 통일 문제를 이해하도록 하는 것이 교육의 주된 목적이었다.

이러한 공공영역의 정치 교육은 '보이텔스바흐 합의Beutelsbacher Konsens'로 불리는 기본 원칙에 따른다. 1976년 보수와 진보를 망라하는 교육자·정치가·연구원 등이 독일의 소도시 보이텔스바흐에 모여 도출한 이 합의는 강제성 금지, 논쟁성 유지, 정치적 행위 능력의 강화 등 세 가지 원칙을 골자로 한다. 김 학회장은 "서독에서 실시되었던 사회정치 교육은 큰 효과를 거뒀는데, 무엇보다 가장 큰 성과는 일반 국민들이 정치 교육을 통해 민주적인 사고방식을 함양해 서독 사회에 민주주의를 뿌리내리게 한 점"이라고 평가했다.

그는 이어 "베를린 장벽이 붕괴되었을 때 서독인들은 대다수가 통일에 찬성했고 통일을 위한 경제적 고통을 기꺼이 분담했는데, 이는 독일의 사회정치 교육 덕분"이라며 "우리도 민주주의의 가치, 정치 과정, 선거, 다원사회의 특징 등에 대한 교육과 자유시장경제에 관한 교육이 병행되어야지만 독일과 같은 선진시민의식을 키울 수 있을 것"이라고 덧붙였다.

선진국의 정의는

어떤 조건을 갖춘 나라를 선진국이라고 할까. 결론적으로 말해 선진국을 명확히 설명하는 정의는 없다. 우리나라를 대표하는 개발협력 정부기관인 코이카$_{KOICA}$(한국국제협력단)는 선진국에 대해 '경제 개발이 앞선 나라를 후진국과 개발도상국에 대비해 이르는 말'로 규정하고 있다.

사람마다 판단은 다르겠지만 통상 한 국가가 선진국인지 아닌지를 판단할 때 경제 지표를 가장 많이 비교한다. 한 국가의 경제 규모인 국내총생산$_{GDP}$으로 순위를 매기거나 1인당 국민총소득$_{GNI}$이 4만 달러를 넘으면 선진국으로 봐야 한다는 주장도 있다.

그러나 이 같은 경제지표 역시 명확한 정의는 아니다. GDP 규모가 미국에 이어 전세계 2위인 중국이 선진국인지 묻는다면 대부분 고개를 가로저을 것이다. 또한 1인당 소득 수준이 높지만 사회 공업화가 진행되지 않은 일부 중동 산유국들이 선진국으로 분류되지 않는 것도 같은 맥락이다.

한국 1인당 국민총소득 추이

(단위: 달러)

연도	추이	연도	추이
2017년	3만 1,734	2027년	4만 1,028
2018년	3만 3,564	2028년	4만 2,095
2019년	3만 2,204	2029년	4만 3,191
2020년	3만 1,881	2030년	4만 4,315
2021년	3만 5,168	2031년	4만 5,468
2022년	3만 6,083	2032년	4만 6,651
2023년	3만 7,022	2033년	4만 7,864
2024년	3만 7,985	2034년	4만 9,110
2025년	3만 8,973	2035년	5만 388
2026년	3만 9,988		

*2017~2021년 국민총소득 연 평균
성장률(2.6%)이 지속된다고 가정.

자료: 한국은행 · 한국경제연구원

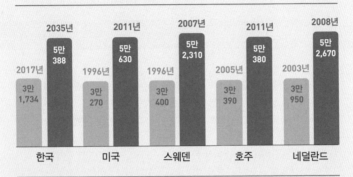

주요국 소득 5만 달러 진입 시점

(단위: 달러)

- 한국: 2017년 3만 1,734 / 2035년 5만 388
- 미국: 1996년 3만 270 / 2011년 5만 630
- 스웨덴: 1996년 3만 400 / 2007년 5만 2,310
- 호주: 2005년 3만 390 / 2011년 5만 380
- 네덜란드: 2003년 3만 950 / 2008년 5만 2,670

3만 달러 진입
5만 달러 진입

자료: 한국은행 · 세계은행 · 한국경제연구원

정성적인 사회적 기준은 더더욱 선진국을 정의하는 기준이 될 수 없다. 우리나라보다 행복지수가 훨씬 높은 네팔이나 에티오피아를 선진국의 범위에 넣지 않는 이유다. 결국 선진국은 일정 수준 이상 경제가 발전하고, 국민들이 건강하고 안전하게 살 수 있을 정도로 정치·사회적인 안정이 이뤄진 나라라는 추상적인 개념으로 존재한다. 1인당 국민소득, 산업 구조, 안정된 국가체계, 국제적 정치·경제 관계 등 다양한 요소가 고려돼야 하는 것이다.

다만 경제협력개발기구OECD나 유엔 등과 같이 공인된 국제기구에서 선진국을 나누거나 자본시장에서 '선진시장'으로 구분하는 국가가 있다. 한국은 OECD와 유엔무역개발회의로부터 선진국 지위를 인정받았지만 모건스탠리캐피털인터내셔널MSCI 선진국 지수에는 포함돼 있지 않다.

최근에는 선진국, 개도국 등으로 각국을 규정하는 전통적인 구분이 희미해지고 국가를 경제블록화해 인식하는 개념이 확산되고 있다. 아세안 10개국과 한국·일본·중국·호주 뉴질랜드가 참여하는 역내포괄적경제동반자협정RCEP이나 일본·캐나다·호주·멕시코 등 아시아·태평양 주요국이 참여하는 포괄적·점진적 환태평양경제동반자협정CPTPP 등이 대표적이다.

선진한국의 現 좌표… 경제는 합격점, 사회갈등은 낙제점

경제계에서는 2021년 코로나19 상황에서도 전 세계 경제 규모 10위에 오른 한국이 2022년도 세계 10위 경제대국 지위를 유지할 것으로 내다보는 관측이 지배적이다. 우리나라의 각종 경제지표가 전 세계 상위권을 휩쓸면서 '한국은 선진국'이라는 국내외 평가가 이어지고 있다.

다만 쏟아지는 호평 속에 선진한국의 정확한 좌표를 진단하고 이를 바탕으로 향후 나가야 할 방향을 잡기 위한 필요성은 더 커졌다. 이에 매일경제는 한국경제연구원과 함께 개방·혁신, 인적자본, 정치·사회, 소득분배, 인프라스트럭처 등 5개 부문에서 한국의 경쟁력을 분석하고 경제협력개발기구 38개국 내에서 위상을 정리했다.

이상호 한국경제연구원 경제조사팀장은 "한국은 1인당 국민총소득GNI, 기술개발R&D, 인프라스트럭처 경쟁력, 민주주의 성숙도 등 측면에서 선진국으로 분류될 자격이 충분하다"면서도 "세계 최저 수준의 출산율과 하락하는 국민 삶의 질, 정치, 사회갈등 부문에서 주요 선진국에 뒤지기 때문에 이 부문에서 개선 과제들을 찾아야 한다"고 지적했다.

우선 경제 규모면에서 미국, 일본, 독일 등 주요국과 비교해보면 한국의 거시경제 안정성은 양호한 것으로 평가됐다. 각국 종합 물가 수준을 나타내는 한국의 국내총생산GDP 디플레이터를 최근 4년간 (2016~2020년) 평균 1.0%로 일본(0.4%) 다음으로 낮은 수준을 기록했다. 같은 기간 실업률 역시 3.9%로 일본 다음으로 가장 낮았다.

기초·정보통신기술ICT 인프라스트럭처 경쟁력은 최상위 수준이다. 도로·항공 등 기반 시설 수준과 접근성 등을 따져본 인프라 경쟁력지수는 92.1로 OECD 38개국 중에서도 4위였고, 인터넷 사용자 비율은 96.2%로 6위에 올랐다.

반면 GDP 대비 외국인직접투자FDI 순유입액 규모는 0.7%에 불과해 외국인투자 실적이 상당히 미흡한 것으로 분석됐다. 시간당 노동생산성은 41.8달러로 주요국과 비교해 가장 효율성이 떨어지는 것으로 나타났다. 특히 세계에서 가장 빠른 저출산·고령화 현상은 우리나라의 아킬레스건이다. 여성 1명이 평생 낳을 것으로 예상되는 합계출산율은 0.9명으로 OECD 38개국 중 꼴찌를 벗어나지 못했다.

국민 삶의 질을 보면 물, 공기 등 생활환경과 건강, 안전, 일과 삶의 균형 등 대부분 지표에서 주요 선진국을 따라가지 못했다. 정치, 경제, 사회 구성권 간 갈등 수준을 나타낸 국가갈등지수와 타인간 신뢰·협력 수준을 보여주는 사회자본지수도 하위권으로 쳐졌다.

전문가들은 한국이 향후 진정한 선진국으로 한 단계 도약하려면 결국 인적자원 육성이 핵심이라고 입을 모았다. 이보성 현대차 경제산업연구센터장은 "글로벌 시대에 맞는 세계시민을 양성하기 위해서는 대학입시에 초점을 둔 천편일률적인 교육 정책에서 벗어나 학생이 주도적으로 학습할 수 있는 환경을 조성해야 한다"며

"학생들이 어릴 때부터 철학적인 질문을 던지고 스스로 사유할 수 있는 기회를 마련해주는 것이 중요하다"고 지적했다.

김주훈 한국개발연구원KDI 선임연구원은 "한국이 이제는 선진국과 대등한 경쟁력을 갖추기 위해 지식을 제대로 공급하고 창출하는 시스템을 갖춰야 한다"며 "지식의 공급처인 대학을 정비하고 산업계와의 연계를 강화해 지식경제 체계를 제대로 구축해야 한다"고 강조했다.

선진한국의 길, 규제 풀고 사회적자본 쌓아라

선진한국의 좌표를 재정립하기 위해서는 세계 최하위 수준의 규제 환경부터 뜯어고쳐야 한다는 지적이 잇따른다. 주요 선진국과 한국 간 경쟁력을 비교 분석한 결과 기업 활동을 제약하는 정부 규제가 가장 큰 문제점으로 조사됐다.

혁신 역량은 우수했다. 한국의 국내총생산GDP 대비 민간·정부 연구개발R&D 지출은 4.6%로 미국(3.1%·8위), 일본·독일(3.2%·4위), 프랑스(2.2%·13위), 영국(1.8%·18위)을 제쳤다. 인구 100만 명당 특허 출원은 461개로 일본(490개·1위) 다음으로 많았다.

문제는 이 같은 혁신이 태동할 수 있는 길목을 가로막는 규제가 강하다는 점이다. 세계지적재산권기구WIPO와 한경연에 따르면 정부의 민간에 대한 규제 정도를 지수화한 한국의 규제환경지수는

2022년 68.2점으로 OECD 38개국 중 꼴찌(35위) 수준이다. 이 지표는 지수는 높을수록 규제 환경이 양호한 것으로 평가되는데 미국(91.0점·10위), 일본(91.4점·9위)은 물론 대체로 규제가 세다고 평가되는 프랑스(88.3점·15위), 독일(81.1점·22위)과 비교해도 격차가 크다. 이상호 한경연 경제조사팀장은 "한국은 혁신 부문에선 경쟁력이 높으나 규제환경 경쟁력은 미흡한 수준"이라고 결론지었다.

이보성 현대차 경제산업연구센터장은 "기업이 역동성을 갖고 자유롭고 적극적인 경영활동을 펼쳐나갈 수 있는 산업 생태계를 조성하는 것이 중요하다"며 "기업들 역시 사회 구성원으로서의 공적 역할에 대해 책임감을 가지고 임하는 태도가 필요하다"고 전했다.

기업 규제가 선진국으로 가는 길의 핵심이라는 지적은 국책연구소에서도 공통적으로 지적하고 있는 바다. 고영선 한국개발연구원KDI 연구부원장(전 고용노동부 차관)은 "국가경제의 발전은 기업의 성장과 동일하다는 결론이 나왔다"며 "특히 (해외 수출경쟁력을 지닌) 양질의 대기업 수가 국민소득과 국가경제의 성장을 결정한다"고 밝혔다.

최근 그는 개발도상국 모델이 될 선진국으로 한국을 주목한 세계은행과 함께 한국 경제개발 과정을 다룬 '선진국 연구보고서'를 작성하며 학계의 비상한 관심을 끌었다. 세계은행 분류를 보면, 한국은 1950년대 후진국, 1960년대~1990년대 중반까지 중진국에 머물렀다. 세계은행은 1990년대 중후반부터 한국이 선진국 대열에 합류했다고 본다. 하지만 한국이 중진국에서 특별한 전환 계기를 마련한 것은 아니라는 게 이번 연구의 잠정 결론이다. 국민의 높은 교육열과 근면·성실성, 이를 바탕으로 한 기업들의 활발한 투자, 해외시장 개척이 어우러지면서 1960년대부터 현재까지 경제 성장을 지속할 수 있었다는 것이다. 고 부원장은 "무엇보다 제조업이 빠르게 생산성을 향상시키면서 한국경제 전체의 생산성 향상을 견인한 것이 중진국 탈출에 유효했다"고 말했다.

고 부원장은 "한국이 성장을 지속하려면 현재의 중소·중견기업들이 더 많이 성장하고 고용해야 한다"면서 "300인 이상 대기업 수가 늘어야 한다"고 말했다. 종업원 250인 이상 기업들의 국가별 고용 비중을 보면 한국은 27%에 불과한 반면 독일은 60.5%, 프랑스는 60%에 이른다. 고 부원장은 "정부는 시장경쟁의 원리를 통해 기업이 역량과 생산성을 높일 수 있도록 과도한 간섭과 규제를 자제해야 한다"고 덧붙였다.

주요국별 100대 기업 자산총액의 비중 (단위: 국부 총액 대비, %)

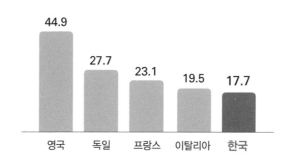

영국	독일	프랑스	이탈리아	한국
44.9	27.7	23.1	19.5	17.7

*2019년 기준

2020년 韓·美·中·日 글로벌 500대 기업 수

(단위: 개)

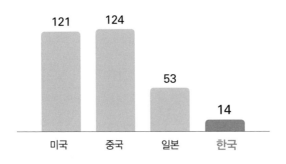

*포춘지 글로벌 500대 기업 기준

자료: 전국경제인연합회

OECD 회원국별 대기업 고용 비중

(단위: %)

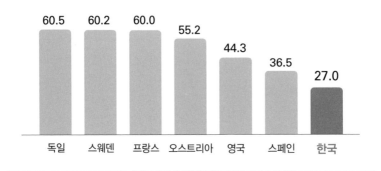

*2018년 기준

자료: 경제협력개발기구

　한국 특유의 오너 경영체제가 글로벌 대기업을 급속하게 키운 요인이었다는 분석도 나왔다. 고 부원장은 "오너 경영에 대해선 다양한 평가가 존재하지만 다른 개발도상국에서 수출 제조업체로 성장한 대기업은 찾아보기 어렵다"며 "대기업의 성장 비결은 기술투자이며, 그 배경에 오너 경영의 긍정적 역할이 있다"고 진단했다. 그는 "기업은 자유롭게 혁신하되 시장 실패가 발생할 때 정부가 해결해주는 협력 체계를 구축하는 게 중요하다"고 강조했다.

제조업의 높은 노동생산성은 지표로 확인된다. 한국은행·통계청 자료를 보면 2018년 기준 제조업 종사자 1인당 노동생산성(연간 생산하는 부가가치 총액)은 1억 1,200만 원으로 농업(2,500만 원), 서비스업(4,100만 원)을 압도한다. 제조업의 노동생산성 향상 속도는 1970년대 이후 가팔랐다.

글로벌 대기업 브랜드를 선진국과 동일시하는 여론도 높다. 매일경제가 여론조사기관 모노리서치에 의뢰한 대국민 설문조사 결과, 응답자의 71.8%는 "대한민국이 선진국"이라고 답했으며 선진국이라고 답한 응답자의 24.9%는 "삼성·현대차 등 글로벌 대기업의 성장"을 그 이유로 꼽았다.

한국 특유의 오너 경영 체제가 삼성전자와 현대차를 비롯한 제조 대기업의 빠른 성장을 유도했다는 평가도 나온다. 고 부원장은 "타 개도국들의 사례를 보면 대기업들이 수출 산업이 아닌 부동산 개발, 금융업 등 내수시장에 기반을 두고 있다"며 "한국은 전체 연구개발R&D 투자 중 4분의 3은 민간이, 그중 3분의 2를 대기업이 담당한다. 이런 기술 투자가 한국 글로벌 기업들의 성장 비결"이라고 했다. 고 부원장은 "그 배후에는 오너 기업 체제가 긍정적인 역할을 수행했을 수 있다"고 말했다.

중요한 점은 국가가 기업 활동에 대한 간섭을 최대한 줄이면서 기업이 자발적으로 혁신하고 신산업에 투자하도록 유도해야 한다는 것이다. 기업이 담당하기 어렵고 파급 효과가 큰 연구 과제를 정부가 지원한다던지, 교육·훈련 시스템을 개편해 맞춤형 인재를 양성한다든지, 신축적으로 인력을 운용할 수 있도록 노동 시장 제도와 관행을 바꾸는 데 정부의 노력이 필요하다는 주장이다.

경제협력개발기구OECD에 따르면 2018년 기준으로 종업원 250인 이상 기업이 국가별 고용시장에서 차지하는 비중은 독일 60.5%, 스웨덴 60.2%, 프랑스 60.0%, 영국 44.3%인 반면 한국은 27%에 불과하다.

전국경제인연합회가 기업·정부·가계·비영리단체 보유 자산을 화폐가치로 환산한 국부총액 대비 100대 기업의 자산 비중(2019년 기준)을 집계한 결과, 영국은 44.9%, 독일은 27.7%, 프랑스는 23.1%, 이탈리아 19.5%로 조사됐다. 반면 한국은 17.7%에 불과했다.

고 부원장은 "한국은 아직 한 발을 선진국에, 한 발을 개도국에 딛고 있다"고 지적했다. 잠재성장률도 갈수록 하락하고 있다. 아무리 자본과 노동력을 쏟아부어도 기술·경영혁신 등이 약해지며 한국의 성장 잠재력이 깎여나가고 있다. 꼬인 저성장 위험을 풀기 위해서는 기업 규제 완화에서 첫 단추를 꿰어야 한다는 처방이 나온다.

경제 규모 면에서 세계 10위 위상을 굳힌 한국이 선진국으로 입지를 다지기 위해서는 사회적 자본 부족 고질병을 해결해야 한다는 처방도 나왔다. 사회적 자본은 국가 정책, 제도에 대한 국민들의 신뢰도와 사회 구성원 간 협력 정도 등을 말한다. 이를 종합적으로 측정해 수치화한 사회자본지수가 높을수록 해당 국가의 사회 질적 수준이 좋은 것으로 평가된다.

매일경제가 영국 대표 싱크탱크 레가툼연구소의 국가별 사회적 자본 수준을 분석한 결과 한국 사회자본지수는 2007년 42.3점에서 2021년 44점으로 정체 상태에 빠진 것으로 나타났다. 2021년 한국의 사회자본지수는 경제협력개발기구$_{OECD}$ 38개국 가운데 38위인 꼴찌로 OECD 평균(59.9점)과 비교해도 격차가 크다. 만성적으로 부족한 사회적 자본이 한국의 선진국 위상을 깎아먹고 있는 것이다.

반면 2007년만 해도 한국과 사회적자본 점수가 엇비슷했던 에스토니아(49.1점 → 61.2점), 리투아니아(32.9점 → 49.3점)는 같은 기간 최소 12점 이상 점수가 뛰어오르며 약진했다. 이상호 한국경제연구원 경제조사팀장은 "한국이 대대적인 규제 완화와 기술혁명을 통해 사회 투명성을 높이며 사회적 자본까지 끌어올린 에스토니아, 리투아니아 발전 모델에 주목할 필요가 있다"고 지적했다.

에스토니아는 개혁 과정에서 발생한 불협화음을 강력한 리더십으로 극복하며 사회 신뢰를 쌓고 유럽 대표 정보통신$_{IT}$ 강국으로 위상을 굳혔다. 에스토니아는 구소련으로부터 독립해 일찌감치 개혁에 나섰는데 1992년 당시 32세의 나이에 초대 총리로 선출된 마트 라르가 1994년까지 총리직을 맡으며 국가 성장전략 방향을 IT

산업으로 잡았다. 정부와 민간이 힘을 합쳐 IT 기술을 활용해 효율적이고 투명한 국가를 만들기에 나섰다. 이 결과 에스토니아는 오늘날 유럽에서 가장 앞서가는 IT 국가로 인정받고 있다. 2005년 세계 최초로 출생과 동시에 발급받는 전자신분증을 통해 온라인상에서 납세, 투표, 교육 등 모든 행정서비스를 이용할 수 있도록 하는 서비스를 내놨고 전자투표제도 도입했다. 2015년에는 세계에서 처음으로 전자 영주권을 발급하는 혁신 실험을 단행했다. 외국인이 시민권을 얻고 규제 없이 회사를 설립하며 금융거래가 가능하도록 하는 개혁에 나섰다.

이 팀장은 "에스토니아 개혁 토양은 세계 최대 인터넷 전화기업인 스카이프나 세계 최대 핀테크 기업 트랜스퍼와이즈을 비롯해 기업가치 10억 달러 이상 글로벌 유니콘 기업을 배출하는 요람이 됐다"고 말했다.

리투아니아는 2008년 글로벌 금융위기 수렁에 빠졌다가 2009년 당시 유럽연합EU 예산담당 집행위원이었던 달리아 그리바우스카이테가 사상 최초 여성 대통령 자리에 오르며 반전 드라마를 썼다. 국영 에너지·부동산 기업에 대한 대대적인 민영화를 통해 경제구조 개혁에 나서는 동시에 사법개혁, 부패 척결에 나서며 사회 투명성을 끌어올렸다. 그리바우스카이테 대통령은 국민의 강력한 지지를 바탕으로 2014년 재선에 성공했고, 2019년 7월까지 리투아니아의 개혁을 이끌었다. 박준 한국행정연구원 연구위원은 "에스토니아와 리투아니아는 민주화 이후 정치 체제가

안정되고 정부 신뢰가 높아지며 민주주의가 성숙되고 있다"고 설
명했다.

윤석열노믹스

초판 1쇄　2022년 3월 14일
초판 2쇄　2022년 3월 21일

지은이　매일경제 경제부
펴낸이　서정희
펴낸곳　매경출판㈜
책임편집　고원상 신주식
마케팅　강윤현 이진희 장하라
디자인　김보현 이은설

매경출판㈜
등록　2003년 4월 24일(No. 2-3759)
주소　(04557) 서울시 중구 충무로 2(필동1가) 매일경제 별관 2층 매경출판㈜
홈페이지　www.mkbook.co.kr
전화　02)2000-2632(기획편집) 02)2000-2636(마케팅) 02)2000-2606(구입 문의)
팩스　02)2000-2609 **이메일**　publish@mk.co.kr
인쇄·제본　㈜M-print 031)8071-0961
ISBN　979-11-6484-382-4(03320)